We Win
위원

We Win 위윈

결이 같은 '우리'를 만들어라!

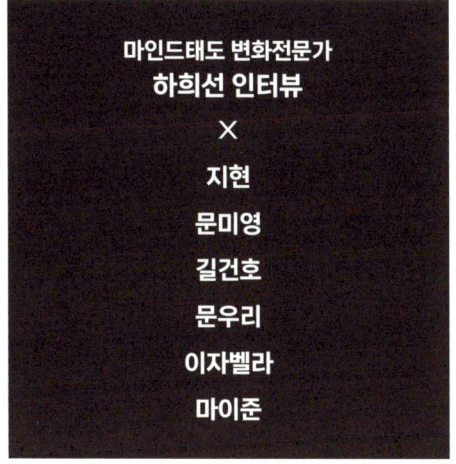

마인드태도 변화전문가
하희선 인터뷰

X

지현
문미영
길건호
문우리
이자벨라
마이준

| '헤어살롱 6인의 리더' 인터뷰집 |

츠슈ㅇ

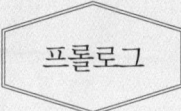

프롤로그

나는 32년 경력의 마인드태도 변화전문가이다. 오랜 경력 만큼이나 뷰티업계에서 수많은 원장들을 만났다. 디자이너가 되자마자 1인숍을 오픈해 바로 오너가 되어버린 원장, 인턴부터 시작해 매니저 디자이너 일을 다 배우고 오래 준비해서 자기 살롱을 오픈한 원장, 이미 고객도 많고 매출도 높아서 돈을 더 벌 수 있으리란 기대로 오픈한 원장 등등. 시작도 다르고 목표도 다른 그들은 그에 걸맞는 살롱을 만들기 위해 어떤 준비를 했을까?

모두가 자기가 일했던 곳의 원장을 바라보며 자기도 똑같이 잘할 수 있으리란 생각에 원장의 꿈을 키운다. 하지만 막상 원장이 되면 그때부터 '독박 육아' 이상의 '독박 경영'이 시작된다. 롤모델을 찾지만 내 입맛에 딱 맞는 사람을 찾기란 불가능에 가깝다. 그들은 하나 같이 원장이 되기 전엔 상상도 못했던 어려움을 마주하곤 이럴 줄 몰랐다며 하소연을 한다.

모든 오너들이 자기 사업을 할 때 가장 바라는 것은 무엇일까? 가장 힘든 건 또 무엇일까? 머리로는 안다. 사업이 잘 되려면 브랜딩도 해야 하고 매출도 올려야 하고 직원들 성장도 시켜야 한다는 것을. 그러나 모든 일은 완벽한 준비 없이 시작된 경우가 대부분이고 준비를 했다 한들 막상 해봐야만 빠지게 되는 구멍은 계속 나온다.

그렇게 '어쩌다 원장'이 된 오너들은 좌충우돌하며 격렬하게 맨땅에 헤딩을 한다. 매출에 도움이 된다면, 좋은 직원 관리 교육이 있다면, 시간과 장소를 막론하고 여기저기 어디든 달려가 교육을 듣는다. 나는 그렇게 그들을 만났다. 그들에게 확신을 주는 곳은 어디에도 없다. 목적이 다르고 가치관이 다르니 답답하기만 할 것이다. 답은 사실 자신만이 알고 있다. 이미 다양한 경험으로 맞는 길을 가고 있으면서도 자신감과 행동력 부족이 숙제인 경우도 많다.

교육을 받고 현실로 돌아오면 더 암담해진다. 우리 직원들만 부족한 것 같고, 나만 어려운 것 같아 두려움이 앞선다. 남들은 다 잘하는 것처럼 보이니 더욱 마음이 힘들다. 바로 그때, 우리가 행복하게 함께 일하는 것, 서로를 배려하는 마음, 고객이 다시 오고 싶은 살롱을 만들겠다는 일의 본질을 잊으면 안된다.

현장에서 각자의 모습과 생각으로 의기양양하게 시작을 하고, 성장하고, 그러다 멈추기도 하고, 답답해보기도 하는 경험은 누구나 겪는 과정이다. 나는 이 모든 과정을 지나고 심지어 코로나19의 난국에서도 흔들리지 않는 리더들을 만났다. 더 이상 오지 말아야 하는 어려움은 때가 되면 생각지도 못한 곳에서 또 오고 또 온다. 이럴 때 내가 만난 그 리더들은 뿌리가 뽑힐만한 상황에서도 대나무처럼 단단해 잘 버텨내곤 했다. 나는 그들의 노하우가 궁금했다. 그분들의 일거수일투족이 많은 오너들에게 좋은 자양분이 되리란 확신이 들었다.

교육을 하다 보니 대부분의 원장님들에게 필요한 게 무엇인지 알게 되었다. 명색이 원장인데, 운영한 지가 벌써 몇 년인데, 모르는 건 여전히 많은데 어디 가서 물어보기도 쑥쓰럽고 심지어 물어볼 곳도 마땅치 않았다는 사실이다. 이 책에서 '헤어살롱 6인의 리더'들이 들려주는 6인 6색 경영 노하우가 그런 분들에게 나침반이 되어주길 바란다. 어쩌면 '내가 잘하고 있었구나!' 안심을 줄지도 모른다. 그리고 새로 시작하는 원장님들에겐 용기가 되어주리라 확신한다.

물론 브랜딩도 중요하고 마케팅도 중요하다. 하지만 정말 잘하는 사람들은 그에 앞서 가장 기본적인 것들, 서비스의 본질에 더 많은 관심과 시간을 쓴다. 사람의 손으로 마음이 오가며 해야 하는 일들이라는 것, 관계 속에서 만들어지는 신뢰와 경험이 결국은 원장과 직원을 그리고 우리와 고객을 연결시킨다는 사실을 아는 것이다.

시작과 성장, 잠시 멈춤, 그리고 다시 일어서서 걸어가는 이야기를, 이론이 아닌 현장에서 치열하게 브랜딩하며 앞으로 조금씩 나아가고 있는 리더들의 이야기를 전하려 한다. 꼭 원장님들이 아니더라도 브랜딩이 궁금하고 필요한 분, 셀프리더십과 책임의식을 가지고 자기 일을 '잘하고' 싶은 분들에게 아마 바로 적용할 부분들이 많을 것이다

인터뷰를 통해 내가 찾은 '헤어살롱 6인의 리더'들의 공통점은 솔선수범, 겸손함, 성실함이었다. 특히 겸손한 태도는 이미 잘하는 그들을 더 발전시키는 듯했다. 우리도 지금의 승리는 영원한 승리도 아니고 반복되는 승리도 아님을 기억했으면 한다. 같은 '나'도 매일 같은 '나'가 아니다. 생각이 다르고 마음이 다르고 행동도 다르다. 그러니 우리는 매일 새롭게 도전하는 것이다.

2024년 하희선

목차

004 프롤로그

1부_ 시스템, 매뉴얼, 조직문화

013 건강한 분위기가 매출을 이끌어낸다,
다정한 조직문화

053 꼴등도 행복한 살롱,
디테일한 매뉴얼

099 MZ직원들이 선택한 살롱,
체계적인 교육시스템

2부_ 마인드, 태도, 관계

135 면접 때 살롱브리핑을 먼저 하는 살롱,
탄력적 근무 조건

195 직원들의 말을 경청하는 부드러운 리더,
기승전'관계'

219 긍정마인드와 롤플레잉을 놀이처럼,
매니저의 동기부여

271 에필로그

Ha Hee-sun's
interview book

————————————————— **지현 이사**(아이디헤어 대치점)

————————————————— **문미영 원장**(살롱에이 강릉점)

——————————————————————— **길건호 원장**(모어온)

——————————————————————————————— **문우리 원장**(W헤어앤스칼프)

———————————————————— **이자벨라 원장**(이가자헤어비스 롯데마트 잠실점)

———————————————— **마이준 원장**(헤어더뷰 성신여대점, 왕십리역점)

1부

시스템

매뉴얼

조직문화

건강한 분위기가 매출을 이끌어낸다, 다정한 조직문화

하희선 인터뷰집
X
지현
아이디헤어 대치점

건강한 분위기가 매출을 이끌어낸다, 다정한 조직문화

– 고객에게 꽃을 선물하고 직원들을 웃겼다가도 울리는 솔직한 매력

살롱 | 아이디헤어 대치점
이사 | 지현
직원 | 이사 1명 + 관리자 1명 + 디자이너 9명 + 파트너 8명

아이디헤어 대치점

미용 업계를 이해하는 데 나에게 지대한 도움을 준 책이 있다. 매출이 일어나는 과정에서 매장과 구성원들의 문제점을 진단하고 능력을 이끌어내는 방법을 잘 정리해둔 《매출 때문에 고민입니다》. 책을 읽고 나는 줄줄이 메모를 적었더랬다. 훗날 이 책의 저자였던 지현 이사는 메모가 가득한 본인 책을 보고는 무척 흐뭇해했다.

2023년 9월 8일 지현 이사를 만났다. 그날 유난히 표정이 밝았는데 미용 대학 아이디 학과에서 학생들이 일하고 싶은 매장 1위라는 본사 연락을 받아서였다. 이유는 밝은 분위기 때문이란다. 지현 이사는 수시로 직원들의 모습을 SNS에 올린다. 아침 일찍 매장 창문을 활짝 열고 커피숍도 아니면서 커피를 만드는 모습으로 매장의 분위기를 전한다. 마감 이후에도 남아서 연습하는 직원들을 보고 집에 제발 가라며 본인도 집에 가고 싶다는 말을 하고, 하이퍼포머가 된 선생님들을 공개하며 마음껏 축하 인사를 건넨다. 살롱에 MZ스러운 행동을 하는 직원이 있다고 소개하는가 하면, 본인의 꼰대 매력을 여과 없이 보여주며 웃음을 선사하기도 한다. 요즘 MZ들은 SNS에서 가고 싶은 살롱을 직접 검색해서 분위기를 보고 일하고 싶은 매장을 직접 선택한다. 그래서인지 지현 이사의 매장에는 일하겠다는 직원들이 줄을 선다.

희선_ 다들 파트너고 디자이너고 구하기 힘들어서 오픈을 못 한다는데, 준비된 팀원들이 있으니 감사한 일이에요. 그동안의 노력에 박수를 보냅니다.

지현_ 파트너들은 또 언제 빠질지 몰라요. 그래서 미리미리 준비하는 편이에요. 파트너 한 명을 고용할 때 비용이 만만치 않아요. 월급에 기숙사 비용에 추가로 나가는 금액도 많아요. 두 명을 더 고용하면 연간 몇 천이 없어지는 셈이에요. 이걸 모르는 팀원들이 파트너를 더 들이자고 해요. 그럼 제가 말해요. "파트너를 더 데려오려면 우리가 어떻게 해야 될까요? 매출이 더 올라야죠. 지금 매출에서 천만 원씩만 더하면 돼요."

희선_ 정확하게 말해주셔서 좋네요. 팀원들이 우리 이사님은 돈 아끼려고 팀원을 안 쓴다고는 말 못 하겠어요. 예전에 본사 직원으로 근무하실 때 위기 매장을 진단해 단기간에 좋은 성과를 내신 걸로 알고 있어요. 살롱 운영은 또 다를 텐데 어떻게 팀원들의 성장과 매출을 만들어내는지 궁금해요. 책에서도 배울 게 많았는데 3년이 지났고 코로나도 끝났으니 운영에 변화가 있는지도 궁금합니다.

지현_ 지금 매장을 인수했을 때 아무리 답답하고 마음에 들지 않아도 3개월은 아무 말도 하지 않을 거라고, 우선은 지켜보면서 기다릴 거라고 말했어요. 저는 언제나 적응하려면 3개월은 걸리더라고요. 그러니까 3개월은 관망하는 거죠.

희선_ 아이디헤어 대치점은 오래된 곳인데 어떻게 이 살롱의 원장이 되셨어요? 이사님은 살롱 경영은 하지 않는 걸로 알고 있었어요. 처음 맡았을 때의 상황도 궁금해요.

지현_ 안정적이지 못했던 건 맞아요. 이전 원장들도 수익이 안 나니까 계속할 이유가 없지 않겠어요? 적자를 메꾸는 데 누가 속이 안 상하겠어요? 6년 동안 원장이 여섯 번 바뀌었어요. 이렇게 원장이 많이 바뀐 매장은 아이디헤어가 생긴 이래 처음이에요. 팀원도 한 명 빼고 3개월 만에 다 바뀌었어요. 팀원이 남으면 좋았겠죠. 그런데 바뀌어도 상관없어요. 오래 있던 팀원들은 아무래도 익숙해진 환경에 변화를 싫어하죠. 서로의 인연이 거기까지였다고 생각해요.

희선_ 지금은 몇 명이 근무해요?

지현_ 디자이너 아홉 명에 파트너 여덟 명이요. 요즘은 파트너

구하기가 힘들어 디자이너 혼자 1대1 시술을 하는 곳도 많다던데 거기 비하면 저흰 행복하죠. 우리 선생님들도 이 고마움을 잘 알아요.

희선_ 여기도 파트너 메인제로 운영되나요?

지현_ 아뇨. 메인은 매출이 일정 수준 이상 되어야 한 명 배정되고, 나머지는 프리입니다. 우리는 프리가 많아요. 메인도 선생님이 파트너 관리를 못 하면 세 번까지는 기회를 주지만 그래도 안 되면 빼요. 일에 지장은 없어요. 프리가 워낙 많으니까요.

희선_ 그렇긴 하겠어요. 팀원들이 3개월 만에 다 바뀌었다고 했는데 그중에 하이퍼포머는 없었나요? 하이퍼포머가 그만두게 되면 당장 매출 타격이 심하잖아요.

지현_ 당연히 있었죠. 우리도 겪었어요. 제가 2021년 11월에 왔는데 2022년 2월 명절 전날 두 명의 하이퍼포머들과 VIP 선물을 같이 상의하고 저렴하게 구매하는 것까지 도와줬어요. 선물도 다 줬는데 명절 지내고 오자마자 그만둔다는 거예요. 예측할 수 없던 일이라 당황스러웠는데 또 저랑 인연이 아니었는지 이상하게 마음은 편했어요. 아주 괜찮은 디자이너들이었고 지금은 다른 지점에서 정말 잘하고 있어요. 둘이 나갈 때 매출 합계가 3천 넘게 빠졌어요. 신기한 건 그 시기에 저랑 인연이 맞는 잘하는 선생님들이 또 들어왔고 오히려 새롭게 시작하는 것이 쇄신의 기회가 되었다고 생각해요.

희선_ 너무 긍정적인데요. 이런 자신감은 어디서 나오는 걸까요?

지현_ 자신감은 아니고 사람마다 자기의 기질, 강점이라는 게 있잖아요. 여기 올 때 저는 잘되는 매장이 아니라서 오히려 승부욕이 발동했어요. 저는 불안할 때 열정이 타오르는 걸 느껴요. 그게 재미있어요.

희선_ 도전에 대한 해석이 재밌어요! 하긴 늘 불편하고 불안한 상태가 나를 발전시키고 단단하게 만들어 주죠. 예전엔 힘든 상황이 오면 나만 힘든 것 같아 억울했는데 언젠가부터 나의 모든 경험은 콘텐츠가 된다는 생각으로 받아들이니 감사한 마음으로 성장할 수 있었던 것 같아요.

지현_ 두려움이 만들어내는 의지 같은 게 있어요. 두려움에 잡아먹힐 필요는 없죠. 오히려 동력으로 삼으면 돼요. 제가 언제나 위기에 빠진 매장을 담당했었기 때문인지 이젠 익숙해진 것 같아요. 몇 달씩 문제점을 진단하고 개선시켜 목표치를 달성하게 하는 일을 여러 번 하다 보니 문제를 빨리 파악할 수 있게 됐어요.

희선_ 안 되는 살롱은 문제가 있다는 사실도 몰라요. 이사님이 보실 때 위기에 빠진 매장에는 주로 어떤 문제들이 있던가요?

지현_ 너무 많죠. 예를 들면, 직원들의 사기 문제가 있어요. 아시겠지만 사기는 곧 매출과 연결돼요. 사기가 떨어지면 매출도 떨어져요. 직원들의 사기를 올리는 건 리더거든요. 그렇다면 리더의 문제인가, 리더의 리더십의 문제인가? 리더는 좋은 사람인데 성과를 내지 못하는 사람인가? 이런 것들을 봐야 해요. 좋은 사람과 성과를 내고 못 내고의 문제는 달라요. 좋은 사람인데 가난할 수도 있어요. 또는 팀원들 자체의 문제일 수도 있어요. 구성원 중에 '검은 점' 같은 사람이 있어요. 동료 간에 이간질을 하거나 분위기를 흐리는 뱀파이어 같은 사람이요.

희선_ '검은 점'이란 표현은 처음 들어보는데도 느낌이 딱 오네요. '검은 점 뱀파이어'를 저는 '에너지 뱀파이어'라고도 해요.

지현_ 에너지 뱀파이어들이 팀원들을 선동하고 분위기를 조장해서 리더십을 흐트러뜨리기도 하는데, 반대로 그런 팀원들이 가끔은 잘하기도 해요. 저는 그런 팀원들을 독이라고 생각하지 않아요. 내 편으로 만들면 돼요. 사람들은 그들이 문제라고 생각하는데 나는 그런 팀원들이 좋아요. 그런 사람들이 저랑 잘 맞는 거 같아요. 그들 중 리더십이 있는 팀원에게 제대로 된 방향만 가르쳐주면 돼요.

희선_ 제대로 된 방향을 가르쳐주는 게 가능한가요?

지현_ 그 팀원이 일단 저를 좋아하는 것에서부터 출발해요. 그래야 저를 따르고 제 말을 잘 들어줄 테니까요. 저를 좋아하게 하려면 그 사람의 심리를 잘 이해해야 해요. 사람은 누구나 관심받고 싶어 하잖아요. 검은 점이 됐다는 건 관심을 받고 싶어서 그러는 거예요. 자기가 우두머리가 되고 싶은 거죠. 그걸 인정해 주면 돼요. 그래서 문제가 생겼을 때, "나 이거 하고 싶은데 가람(가명) 선생님이 나 좀 도와줘요"라고 하면서 해결책을 같이 상의하고, 그 팀원을 통해서 할 수 있게 해요.

희선_ 대부분 검은 점 자체를 없애려고 하는데, 반전의 인사이트네요! 만약 그 팀원이 다른 구성원들이 다 싫어하는 검은 점이어도 품고 가나요?

지현_ 기질 자체가 우리와 결이 안 맞지만 않으면 제가 계속 1대1 피드백을 줘요. 그래서 사람들이 그 팀원을 좋아할 수 있게 만들어요.

희선_ 어차피 누군가에게 관심받고 싶은 거니까 그게 충족되지 않아서 상태가 나빠진 것일 수도 있다는 거군요.

지현_ 그래서 시기하고 질투하는 거예요. 리더에게 반항도 하고, 뒷담화를 심하게 해서 제 귀에까지 들리게도 하고요. 저는 어차피 사람의 마음을 움직이는 건 햇살이라고 생각해요. 나그네의 외투를 벗기는 게임에서도 햇살이 승리하잖아요. 사실 저는 마냥 햇살은 아니고, 나를 무서운 줄도 알게 하고 프렌들리하다는 것도 알게 해요. 하지만 무엇보다 우선 나를 좋아하게 해요. 그럼 편해져요.

저는 오히려 뒤에서 아무 말 안 하고 조용히 있는 친구들이 속을 알 수 없어서 더 힘들었어요. 진중하거나 화를 삭히는 건데 그런 친구들이 어려워요. 감정을 표현하고, 성숙하고 명확한 언어로 표현하는 것이 좋아요. 저도 명확한 편이고요. 그렇다고 따로 밥을 먹어서 좋아하게 만들진 않아요. 일부러 그런 자리를 만들진 않는 편이에요.

희선_ 그럼 팀원들과 가까워지는 계기는 어떻게 만드세요?

지현_ 매장에서 충분히 저를 의지할 수 있게끔 솔선수범하는 모습을 보여줘요. 예를 들면, 새벽에 꽃시장에 가서 꽃을 사다가 매장에 꽃꽂이를 해놔요. 우리 팀원들이 진짜 좋아해요. 그런 환경을 유지해줘요. 고객도 긍정적인 피드백을 주니까 더 좋아하죠. 고객들 간식도 제가 준비해요. 좋은 환경에 고객들이 만족하고 덕분에 매출도 오르니까 저에 대한 팀원들의 신뢰가 올라가요.

희선 원장님의 꾸준한 솔선수범이 답이었네요. 그래도 원장님을 어려워하는 팀원들이 있죠?

지현 저, 이번에 본사에 요청해서 리더 피드백을 받아봤어요. 본사에서 우리 팀원들에게 설문 링크를 보내주면 팀원들이 답을 하고 본사에서 취합한 뒤 제게 종합 피드백을 보내줘요. 물론 팀원들은 익명으로 작성하는 거예요.

희선 본인이 신청했다고요? 굉장한 용기예요. 이전 회사에 다닐 때 상사에게 문제가 좀 있었는데, 인사과에서 위아래 전 직원에게 평가를 받는 360도 평가를 실시해서 실제로 문제가 발견돼서 다른 곳으로 발령을 낸 적이 있어요. 평가가 어떻게 내려질지 모르는데, 제가 아는 리더 중에 스스로 '내가 어떤 점이 부족할까'를 알겠다고 설문을 요청하는 건 처음이라 너무 놀라워요. 성장을 위한 자기 객관화 작업인 건 분명해요.

지현 제가 받아보고 싶어서 한 거 맞아요. 예전에는 피드백 결과가 안 좋으면 납득이 잘 안 됐어요. 10문항 중 한 개라도 부정적인 내용이 나오면 엄청 스트레스 받고 상처 받고 그랬어요. 지금은 그렇진 않아요. 그럼 나온 내용을 100% 수용하냐? 그럴 수도 있고 아닐 수도 있어요. 그럼 100% 거부하냐? 받아들이기 나름이라고 생각해요.

피드백 결과 보면 기가 막힌 것도 있고, 진짜 어이가 없는 것도 있지만 그건 상대방의 생각이잖아요. 그래도 수용해야 할 내용들은 수용해요. 말투가 세다는 평가를 받곤해요. 저도 알아요. 혹시 말투 때문에 인신공격이나 무례함을 준 부분들이 있었는지 한 번 더 생각을 해봤어요. 복장과 표정에 대해 이야기할 때였겠다 싶었어요. 그래서 50%는 수용했죠. 나머지 50%를 수용하지 않는 건, 처음 한두 번은 상냥하게 얘기했지만 1년 6개월 동안 출입문을 열고 출근할 때마다 어디 끌려가는 표정을 지으면 너무 진이 빠져서 좋은 말로 할 수가 없는걸요.

희선_ 1년 6개월을 기다렸는데 늘 그런 표정이라면 진짜 기운 빠졌겠어요. 지현 이사님과 1년 6개월을 근무하면서 어떻게 그런 표정으로 출근을 할 수 있을지가 더 신기할 따름이에요. 사람은 환경의 동물이고 동료들에게 영향을 받았을 텐데 말입니다.

지현_ 그럴 수 있어요. 노력은 하는데 그 사람의 기본 에너지값이 그렇다면 그럴 수 있다고 봐요. 어쨌든 제가 태도에 대해서는 세게 말하는 편이라 그런 피드백이 나오더라고요. 저도 마음만은 다정하게 말하고 싶답니다.
나머지 가장 많이 나온 피드백은 '고객한테 잘해줘서 좋다', '고객이 좋아한다'였어요. 계속 공부할 수 있게 해줘서 성장에 도움이 된다는 것도 있었어요. 제가 직접 교육도 하고, 외부 교육도 시켜주니까 좋아해요.

'무표정일 때 무섭다'도 있었어요. 자기들이 웃어주면 저도 당연히 웃지 않겠어요? (지현 이사는 이 대목이 억울했는지 계속 언급했다) 최근에 좀 바뀌긴 했는데 엄청 단호하게 하긴 했어요. 이번 달 공지사항도 단호하게 썼어요. '여기 학교 아니다. 의무적으로 해야 할 것들' 이런 식으로요.

희선_ 많은 원장님들의 고민이기도 하죠. 해야 할 일과 의무는 무시하고 권리만 누리려고 해서요. 권리에는 의무가 따른다는 점을 꼭 알면 좋겠어요.

지현_ 요즘 MZ들이라고 이상한 건 아니고 다 좋고 괜찮아요. 그런데 현실과 이상의 차이를 잘 못 받아들이는 것 같아요. 일주일 출근하고 할 줄 아는 건 없는데, 그 이상의 것을 하고 싶어 하는 거예요. 입사한 지 일주일만에 언제 염색 바를 수 있냐고 물어봐요. 제가 3주까지는 다독여주는데 그 이상이 되면 대단히 현실적으로 말해줍니다.

희선_ 그런 팀원들은 어떤 말로 움직이세요?

지현_ 저는 "현주(가명) 님, 그럼 내일부터 샴푸 다 줄게요. 선생님들한테 염색 현주 님이 다 바를 수 있게 하라고 할게요. 샴푸, 염색 다 해주시면 돼요. 할 수 있겠어요?"라고 해요. 그럼 당장 못 한다고 꼬리를 내려요. 그러면서 "제가 못 하는 걸 보니 이 길은 제 길이 아닐까요?" 묻는데, 그럼 전 또 할 말이 없어요.

희선_ 아, 너무 공감합니다. 미용은 이론으로 배워서 하는 게 아닌데 너무 쉽게 생각하는 걸까요. SNS에는 인턴들의 지루한 연습 과정은 보이지 않죠. 서로가 앞다투어 화려함만 드러내죠. 과정 없는 결과는 없는데 과정은 생략하고 싶어 해요.

지현_ 각오하고 들어와도 쉽게 딜레마에 빠지는 친구들이 있어요. 어떤 사람들인 줄 아세요? 학교에서 모범생이었던 친구들이 그래요. 늘 칭찬만 받아서 본인이 못하면 쉽게 자괴감에 빠져요. 겨우 한 달 됐을 뿐인데 할 수 있는 것도 없고, 칭찬도 없으니 힘든 거예요. 현주도 그런 케이스였어요.
한 달 동안 세 번이나 상담했는데 도돌이표라 부원장님한테 그 친구 상담을 부탁했어요. 내용, 상황, 태도에 따라 100번도 넘게 상담했는데 그땐 이미 그만두는 전제로 이야기를 하게 돼서요. 상담 내용은 이랬어요. 몸이 아파서 멘탈이 더 약해지는 것 같다, 본사 교육은 재밌는데 매장에서 일할 때는 재미가 없다더라, 교육을 좋아하니 교육을 더 해주면 시술에 재미를 붙일 것 같다는 내용. 현주가 아픈 건 저도 알고 채용했어요. 지방에 계시는 부모님이 일하시느라 제가 입원도 시키고 기다려주고 퇴원까지 시켰는데 그때도 했던 말을 또 하니까 제가 답답한 거죠.

그래도 일은 계속하겠다기에 제가 불러서 단호하게 말했어요.

"현주 님, 이건 알아야 해요. 아카데미는 왜 재밌는 줄 알아요? 거긴 현주 님이 돈을 내잖아요. 오늘 배운 결과가 그날 바로 나와요. 현주 님이 디자인을 하면 결과가 바로 나오고 결과지를 받고 돌아오니까 재미있죠? 근데 매장에서는 현주 님이 한 시술의 결과가 바로 나오지 않아요. 당연한 거예요. 현주 님은 아직 일에 익숙하지 않아요. 결과를 바로 볼 수 있는 시기가 아니예요. 그만큼 노력했어요? 그만큼 연습해봤어요? 그리고 여긴 현주 님이 돈을 받으면서 일하는 곳이에요. 현주 님, 학교에서 칭찬 많이 받잖아요. 학교에는 현주 님이 한 학기에 400만 원씩 1년에 800만 원을 냈어요. 학교에서 현주 님을 혼낼 리가 없죠. 냉정하게 말해서 우리는 샴푸도 못 하는 현주 님한테 200만 원씩 줘야 해요. 기숙사도 제공하고요. 근데 우리가 현주 님 비위까지 맞춰야 한다? 그건 아니죠. 현주 님이 더 노력해야 하는 거예요."

더이상 다닐 생각이 없으면 다른 사람에게 기회를 줘야 하니 결정해달라고 했더니 열심히 하겠다고 하더라고요. 그래서 오늘부터 살롱에서는 이름을 바꾸겠다고 했어요. "현주 님이 원하는 것을 이루려면 '저스트 두 잇' 해야 해요. 현주 님은 앞으로 이름을 '저스트'로 해요. 내가 '저스트'라고 부르면 본인이 '두잇'이라고 말하는 거예요. 알겠죠? 바람을 이루고 싶다면 현주 님은 그냥 하면 돼요. 생각이 너무 많으니까, 이상과 현실의 갭이 점점 더 커지는 거예요." 저는 진짜 냉정하게 이렇게 말합니다.

나에겐 전혀 냉정하게 들리지 않았다. 성장을 원하는 리더의 마음이 느껴진다면, 사람들은 조금은 날카롭고 솔직한 말도 자기를 위한 성장통으로 받아들일 수 있게 된다. 지현 이사는 첫 상담이 아니라 자그마치 네 번이나 의견을 들어주는 상담을 했고, 아플 때 챙겨주기까지 했기에 그렇게 말할 자격이 있단 생각도 들었다. 내가 화장품 회사에서 브랜드 총괄 교육팀장으로 근무할 때 교육팀원 중 한 명도 비슷한 경우였다. 동료는 해외 출장이 많은 럭셔리 브랜드에서 일하는데 본인은 대중적인 브랜드에서 일하는 게 속상하다며 럭셔리 브랜드로 보내달라고 요청이 들어왔다. 내가 볼 땐 전혀 준비되어 있지 않은 상태였지만, 나는 오히려 언제든지 준비가 되면 보내줄 테니 알려달라고 말했다. 하지만 그 팀원은 내가 적극적으로 나가자 끝내 내 앞에 나타나지 않았다. 하고 싶은 것과 할 수 있는 것은 다르다. 하고 싶다면 생각만 하고 바라보는 차원을 넘어 직접 해봐야 한다. 직접 해보면 또 할 수 있게 되는 게 우리 일이기도 하다.

희선_ 저스트 직원은 지금 잘하고 있는 거죠?
지현_ 이름이 바뀌었어요. 다음 날 오더니 본인이 아무리 생각해도 '두잇'으로 해야겠대요. 뭔가를 한다는 좋은 뜻이니 그러라고 했어요. 두잇에게 고쳐야 할 표정에 대해서도 알려줬어요. 저는 표정을 이래라 저래라 알려주지 않고 미러링 방식을 써요. 아침에 인사를 성의 없이 대충하는 팀원에게는 저도 똑같이 대충 인사하고 나서 기분이 어떤지 물어봐요. 자기 행동이 상대에게 어떻게 보이는지 몰라서 그렇게 하는 거겠죠?

헤어 디자이너는 매력적으로 보여야 하는 직업이에요. 구강구조가 돌출되어 있는 친구는 입을 다물고 있으면 오히려 예쁘지 않아요. 반면 입을 다물어야 예쁜 사람이 무의식적으로 입을 벌리고 있으면 멍해 보이고요. 이 모든 걸 저는 미러링 방식을 통해 직접 느끼고 생각하게 해줘요. 제가 이런 쪽은 엄청 디테일해요. (이 부분을 외모 지적으로 오해하지 않기를 바란다)

희선_ 사실 디테일이 제일 중요하죠. 품격은 디테일로 결정되니까요. 살롱의 그 어떤 인테리어보다 구성원의 표정과 복장 태도가 더 중요하다고 생각해요. 고객은 직원이 만들죠. 내가 격이 있으면 격 있는 고객들이 오는 거예요.

지현_ '두잇'에게 개선해야 할 표정들을 말해주면서 어떤 고객을 만나고 싶은지만 생각해보라고 했어요. 인사과에서 우리 매장이 지명 1순위라는 전화가 왔을 때 스피커폰으로 모두 같이 들었거든요. 팀원들도 알아요. 우리 살롱에서 일하고 싶어서 줄서 있다는 걸요. 본인들 입장 정리 잘하라고 말했어요. (웃음) 그리고 진짜 거북이 같은 직원이 있거든요. 저는 거북이한테는 기다려도 될 만한 태도가 있는지 봐요.

희선 의지가 있으면 빨리 움직이게 되지 않을까요? 분명 저처럼 생각하는 사람이 있을 거예요

지현 그건 사람마다 다를 수 있다고 봐요. 매장에 아주 느린 여자 파트너가 있었어요. 일반 샴푸를 하는데 두 달 넘게 걸렸고, 염색 샴푸는 3개월 넘어서 했을 정도로 아주 느렸어요. 선생님이 화내는 것도 이해가 갔어요. 샴푸실로 가달라고 하면 애먼 짓을 해요. 근데 예쁘고 착하지, 매일 연습도 하지, 그러니까 선생님도 이 친구를 놓을 수가 없었나 봐요. 꾸준히 노력해서 드디어 8개월 만에 칭찬을 받았어요.

그런데 얼마 전에 저한테 와서 할 말이 있다는 거예요. 여긴 염색 바르는 걸 안 시켜줘서 염색 더 많이 시켜주는 곳으로 가고 싶대요. 처음으로 제가 화를 냈어요. "원하면 보내줄게요. 근데 굉장히 당황스러워요. 솔직히 몹시 화가 나요. 예진(가명) 님을 선생님들이 얼마나 기다려줬는지 알죠? 아무것도 못 하는 거 본인도 알죠? 그리고 다른 친구들보다 느리다는 것도요. 나 사람 비교하는 거 제일 싫어하는데, 선생님들이 8개월이나 기다려서 가르쳐놨고 이제 예진 님이 염색 좀 바르려던 참인데 지금

나한테 이런 얘기를 하는 건 결코 현명하지 못한 거예요. 신입 세 명 왔죠? 예진 님이 하고 있던 샴푸 받아줄 세 명이 온 거예요. 예진 님은 앞으로 염색할 기회가 더 많아질 거예요. 근데 이 타이밍에 그만둔다고 말하다니… 진심이라면 인사팀에 말해줄게요." 그렇게 말했죠.

희선_ 지현 이사님은 늘 살롱에서 즐거운 모습만 보여줘서 속썩이는 팀원이 한 명도 없나 보다 했어요. 아마 이 글을 읽는 분 중에 비슷한 팀원을 겪어봐서 같이 흥분한 분도 있을 것 같고, 잘나가는 지현 이사님도 같은 고민을 하는구나 하면서 안도감을 느끼는 분도 있을 것 같아요. 세상 어디에도 내맘 같은 사람은 없다는 걸 알면서도 우린 늘 그걸 바라죠. 여기서부터 갈등이 시작되는 거겠죠? 인사팀에 말해준다니 팀원의 반응은 어땠어요?

지현_ 제가 하라는 대로 하겠대요. 지금까지 이 친구의 태도, 노력, 모든 것을 봐서 아니까 제가 아는 살롱으로 보내주겠다고 했어요. 한 달 안에 이동하기로 했죠.
근데 선생님들이 이 친구를 관리하기 시작해요. 곧 이 친구가 칭찬을 받기 시작해요. 고객한테 샴푸 칭찬도 받고, 팀원들도 다 잘한다 잘한다 하고, 선생님들도 계속 일을 주니까 이 친구가 마음이 바뀌는 거예요. 20일 정도 지켜보니까 점점 상태가 좋아지더라고요. 고객한테 팁까지 받고, 상황이 좋아지니까 가고 싶지 않겠다 싶었지만 저는 가만있었어요.

한 달이 거의 다 됐는데 부원장님은 그 친구를 안 보내고 싶어해요. 알아서 하라고 했더니 미팅을 하겠대요. 부원장님은 저랑하도 대화를 많이 해서 제가 하는 상담법을 다 알아요. 저한테 상담받았던 그대로 팀원한테 다 써먹어요. 그 친구한테 가고 싶지 않으면 저한테 다시 말하라고 했대요. 말로 못 하겠으면 편지를 쓰라고 했대요. 요즘 MZ들이 대화를 힘들어하잖아요. 그랬더니 이 팀원이 A4 한 장 가득 편지를 써서 가져온 거예요. 내밀면서 엉엉 우는데, 편지 마지막에 '용서해 주세요'라고 썼더라고요. 그래서 내가 너를 용서할 게 뭐가 있냐고, 네가 직장인으로 할 수 있는 말을 한 것뿐이고, 내가 누구를 용서하고 말일은 아니라고 했죠.

이 친구는 지금도 우리 매장에서 일하고 있어요. 하지만 이렇게 마음대로 행동하는 것, 말을 번복하는 것에 대한 페널티가 있다는 걸 알려줬어요. 메인이었는데 프리로 빼버렸어요.

희선 일하는 게 더딘데 메인으로 일했어요?

지현 원 메인으로 하면 혼자는 절대 못 하니까 투 메인으로 넣었어요. 느리고 부족한 친구는 프리로 돌면 배울 수가 없어요. 오히려 잘하는 선생님 서브 보면서 잘 배우라고 메인으로 넣어준 거예요. 그런데 그만둔다, 다닌다를 번복해서 결국 프리로 뺐어요.

그리고 이 친구와 일했던 선생님에게서도 메인을 전부 빼버렸어요. 이건 선생님의 문제이기도 하다고 전 생각해요. 이 친구가 그만둔다고 했을 때 저한테 일언반구도 없이 그냥 알겠다고 했거든요. 저는 그게 최선이라고 생각하지 않아요. 본인을 도와주는 메인이 이런 상태면 "제가 한번 미팅해 보겠습니다"라는 대답이 나왔어야 해요. 디자이너라면 파트너의 성장에 일정 부분 책임 의식이 있어야 합니다. 선생님의 후배 양성 부분에 부족함이 있으면 저는 메인 안 줘요.

희선_ 디자이너들의 불만은 없을까요? 메인이 있다가 없으면 불편할 텐데요.

지현_ 프리로 일하는 파트너가 워낙 많아서 사실 일하는 데 불편한 건 없어요. 우리 부원장님들은 매출 3천씩 하는데 메인이 아예 없어요. 다 프리 파트너랑 일해요. 본인 파트너를 지키지 못하고, 그만둘 때 아쉬워하지 않은 건 문제가 있어요. 이런 일이 두 번이면 메인 파트너를 빼요. 저는 선생님이 파트너하고 맞출 기회를 세 번이나 주었으니까요.

희선_ 만약 디자이너는 함께 일하고 싶지만, 파트너가 힘들어

해도 세 번 정도 기회를 주는 거죠?

지현_ 할 수 있는 여지가 있는지 상담하고, 제가 봤을 때 둘이 도저히 안 맞다 싶으면 헤어지게 해요.

희선_ 꽤 거북한 상황이 벌어질 수 있겠는데요? 매일 근무하면서 얼굴 봐야 하잖아요.

지현_ 아름답게 헤어지되 프로로서 서로 다른 팀이 되어 일하는 건 인정해야 해요. 그래야 계속 있을 수 있죠. 그래서 원래 디자이너 메인에서 빠지면 파트너들이 그만둬요. 눈치 보여서 일 못하니까요. 그렇게 안 되게 만들어놔요.

희선_ 아주 중요한 포인트네요. 한 공간에서 함께 일하려면 관계가 중요한데 메인에서 빠져도 불편한 감정 없이 일할 수 있는 '시스템'이 필요하겠어요.

지현_ 선생님들은 이 파트너가 우리 매장에 필요한지 아닌지를 먼저 파악하고 인지해야 해요. 그리고 저는 선생님들에게 이 파트너가 있어야 할지, 없어도 될지를 물어요. 있어야 한다고 대답하면 선생님들에게 해주는 이야기가 있어요.
"그럼, 선생님은 어떻게 해야 할까요? 앞으로도 수없이 파트너는 왔다 갈 겁니다. 잘하고 잘못해서라 아니라 사람이 안 맞는 건 당연한 거니까요. 그럴 때 부원장님이나 실장님이 잘해주셔야 앞으로도 함께 가는 거고요. 함께 일하면서 서로 불편한 상태일 바에야 처음부터 아예 빼고 행복하게 일하는 게 맞아요. 거기 에너지 쓰지 맙시다."

희선_ 부정적 에너지를 쓰지 말고 행복하게 일하자. 모두가 바라는 상태죠. 지금의 아이디 대치점의 분위기와 관계가 만들어지기까지 직원들과 얼마나 많은 대화를 나누셨나요?

지현_ 저는 스몰토크 진짜 많이 해요. 제가 매장에 앉아 있으면 예약 없는 선생님들이 와요. 할 말이 있으면 아무 때나 와서 두런두런 이야기 나눠요. 제가 저녁에도 많이 남아 있는 편이라 편하게 와서 이런저런 말을 많이 하고 그래요.

희선_ 시술하는 원장님들은 너무 부러워할 이야기네요. 시술하는 원장님들도 스몰토크 하는 시간을 만들면 좋겠어요. 팀원과의 대화는 정말 중요한 업무잖아요. 이 작은 시간이 아주 큰 결과를 만드는 걸 자주 봐왔으니까요.

지현_ 맞아요. 정말 필요해요. 지금 아이디 대치점 하기 전까지는 디자이너들이랑 밥, 술 안 먹었어요. 20년 동안요. 그전에 점장 할 때도 식사 자리 따로 하지 않아도 사이 좋았고, 성과가 났어요. 그렇게 하지 않아도 재밌었으니까 굳이 하지 않아도 된다고 생각했었어요.

얼마 전에 지금과 그때의 차이를 발견했어요. 내가 인간적으로 즐거웠는가! 그랬더니 일할 때는 즐거웠지만 일과 삶이 분리되어 있었고 인간적으로도 선이 딱 있었어요. 지금은 달라요. 일 끝나고 디자이너들이 어디 좋은 데 있다고 하면 같이 먹으러 가요. 자기들이 맛집을 미리 찾아놨다, 가야 한다, 그러면 이젠 저도 가요. 술도 마시고 함께 어울리는 일도 많아지니 더 친해져요. 여기서 절대 주의사항이 있어요. 안 가는 선생님들이 소외감을 느끼게 하면 안 돼요. 그런 걸로 절대 차별하면 안 돼요. 가고 싶지 않은 의견을 존중해줘야 해요. 이 부문만큼은 제가 확실하게 지킵니다.

희선 이사님은 예전에도 계속 운영을 하셨었죠? 그때의 경험들이 지금 많은 도움이 될 거라 생각되는데, 좀 어떠세요?

지현 맞아요, 원장 경험은 아주 오래 전에 제가 L사에서 관리를 했던 게 도움이 되었어요. 20대부터 매장을 맡아서 일했었거든요. 그때 경험한 디테일들을 아이디헤어 본사에서 일하면서 진단이 필요한 살롱에 적용할 수 있었어요. 파견으로 들어가서 매장 진단하고, 3개월 6개월 함께 지내면서 문제를 해결하고 성장시키는 일을 했죠.

희선 문제가 있어서 파견을 나가셨을 테니, 그 매장 원장님들이 아주 긴장했겠어요?

지현_ 처음엔 무섭단 소문이 나서 싫어하는 디자이너들도 많았 아요. 근데 잘못을 지적하러 가는 게 아니라 도움을 주기 위해서 간 거니까요. 나중엔 그분들도 도움을 받는다고 생각해줬어요. 어디나 똑같겠지만 사기가 올라가면 매출이 올라요. 그럴 때 상품, 이벤트도 동시에 진행해 주고요.

희선_ 그때는 매출 상승을 위해 본사에서 투입되었던 거고, 이번처럼 운영을 하러 들어간 건 처음인 건가요?

지현_ 네, 제 사업자로 하는 건 처음이에요.

희선_ 혹시 지현 이사님이 도와주러 간 곳 중에서 리더의 문제가 너무 커서 매출이 저조한 적은 없었나요?

지현_ 제가 매출을 성장시키기 위해 들어간 곳 중에 원장이 너무 못한 경우는 없었어요. 사실 아이디헤어의 원장이면 이미 검증된 거라 특별히 문제가 되는 분은 없었어요. 능력이 조금 부족한 경우는 있었죠. 하지만 성격이 나쁜 분들은 아니었어요. 대부분 헤드급 점장이 필요하다는 판단이 나오거나 원장 서포트를 해줄 점장이 부족한 부분이 보여서 점장을 교체하는 방향으로 해결했어요.

희선 그래서 매출이 오른 거군요? 저는 지현 이사님을 '성공 신화를 만들어 내는 사람'으로 부르고 싶어요.

지현 아녜요. 못하는 데서 올리는 건 쉬워요. 어느 정도 나오는 매출을 더 올리는 게 어려운 거예요. 그래서 저도 여기서 멈추는 건가? 여기서 정체인가? 하는 고민이 늘 있어요.

희선 역시 프로다운 고민이네요. 누구나 이사님처럼 지속 가능한 성장을 늘 고민하진 않아요.

지현 매출이 더 올라야 하는데 디자이너 수에 한계가 있다 보니 오르는 속도가 너무 더딘 거예요. 그래서 우리 선생님들에게 제 마음을 솔직하게 털어놨어요. 돈을 못 버는 게 힘든 게 아니라 우리가 정체되는 게 두렵고 고민이 된다고요.
정체되는 것에 대한 두려움을 계속 느끼다가 아이디헤어 근무 20년 만에 처음으로 대표님께 미팅을 신청했어요. 저는 원래 미팅 신청을 잘 하지 않아요. 대표님한테 '힘들어서 못 하겠다'고 말씀드리러 간 건 아니었고, 앞으로 어떻게 해야 할지 방향을 좀 잃은 것 같다고 말하는데 눈물이 나더라고요. 당시에 제 돈을 들여 디자이너들에게 교육하는 게 있었는데 처음 시작할 때 이게 끝이니까 나한테 너무 기대하지 말라고 했어요. 지금 마음이 너무 힘들다고요.
어떤 팀원은 울고, 어떤 팀원은 한밤중에 문자를 길게 보내왔어요. 제가 그렇게 말해줘서 고맙고, 감사한 마음을 가지고 있는데, 오늘 저의 모습을 보면서 본인이 소중한 사람을 지키기 위해서는 자기가 힘을 내야 하는 걸 알게 되었다고 하더라고요.

희선_ 문자 받고 또 우셨겠어요. 마음을 이렇게 표현해주면 뭉클할 것 같아요. 팀원들은 이사님이 떠나는 것으로 오해했던 건가요?
지현_ 내가 떠나더라도 그걸 존중한다고 하더라고요. 우리 선생님들은 평소에도 제가 외출할 때 "나 간다" 이렇게 말하는 것도 싫어해서 "나 갔다 올게" 해요. 나갔다 못 들어오는 날에는 기다리지 말라고 꼭 말하고요. 왜냐하면 원장이 여섯 명이나 바뀌었으니까요. 마치 새엄마가 계속 바뀌는 것처럼 불안할 수도 있겠더라고요.

희선_ 보통 리더가 없으면 팀원들은 더 자유로운 법인데, 팀원들이 이사님을 리더가 아닌 보호자로 생각하는 것 같아요. 그러니까 힘들어서 미팅을 신청했다고 할 때 팀원들 입장에서는 이사님이 그만둘까 봐 슬펐던 거죠.
지현_ 제가 오히려 미안해졌어요. 제 눈물을 보고 자기 행동을 되돌아봤다는 말이 감동적이었거든요. '소중한 걸 지키려면 제가 많이 노력해야 한다는 걸 알았어요. 책임감을 가질 수 있게 해주셔서 오늘도 너무 감사드려요'라는 글을 보고도 많이 놀랐어요.

희선_ 그래서 떠나지 않는다고 알려줬어요?

지현_ 네. 떠나지 않는다고 했죠. 나는 우리 팀원들에게 더 잘해주고 싶고 팀원들이 더 행복해지는 걸 바란다고 했어요. 원하는 대로 돈 쓰고 시간 쓰고 살게 하고 싶다고요. 함께 있어 주는 것만으로도 선물이고 든든하고 감사하다고 전했어요.
그렇게 말하니까 매출이 높은 한 선생님이 본인이 열심히 안 하면 월급에서 100만 원을 빼도 된다고 해요. 며칠 전에는 일찍 나와서 연습하던 원장님과 수석 실장이 "이사님만 우리를 지키는 게 아니라 우리도 소중한 사람을 지키기 위해 노력해야 해"라고 너무 멋진 말을 해주었어요.

희선_ 이런 인간적인 신뢰와 끈끈함은 어떻게 하면 만들어질까 계속 생각하게 됩니다. 살 수만 있다면 사고 싶은걸요!

지현_ 나도 포기하지 않을 테니 여러분들도 나를 포기하지 말아 달라고 했어요. 우리 선생님, 원장님들은 인센티브도 아주 높아요. 저보다 많이 가져가더라도 저는 팀원들이 많이 받아 가는 게 좋아요. 그래야 덩달아 저도 더 받는 거니까요.

희선_ 아이디헤어 중에서는 대치점이 제일 잘하는 곳인가요?
지현_ 아뇨. 여기보다 잘하는 곳들 더 많아요.

희선_ 잘하는 곳들은 도대체 어떻게 그렇게 잘하는 걸까요? 매번 궁금해요.
지현_ 우선 원장님들이 너무 열심히 해요. 제가 하는 정도는 기본 설정값이에요. 이 정도도 안 하는 사람은 없어요. 요즘 우리 매장에 오픈 준비 중인 원장님이 와서 경영수업을 받고 있어요. 잘하는 매장을 계속 라운딩하고 있다는데, 우리 매장은 팀원들이 저를 좋아하는 게 눈에 보인대요. 물론 단점도 많지만요.

희선_ 지현 이사님은 팀원들에게 좋은 소리, 쓴소리를 함께 해 주는데 그 부분이 팀원들에게 더 와닿을 것 같아요. 좋은 소리는 언제 들어도 좋지만, 발전하려면 가끔 정신이 번쩍 들 만큼 매운맛도 봐야 하잖아요.
지현_ 그럼요. 다들 성장을 바라요. 열심히보다 더 중요한 건 잘하는 거예요. 요즘 '잘하는' 원장님들 참 많아요.

희선_ 지현 이사님이 보시기에 어떤 원장님들이 '잘하는' 원장님인 것 같아요?
지현_ 젊은 원장님들은 SNS 스토리로 계속 팀원들을 노출해 주시던데, 참 잘한다 싶어요. 그런 걸 팀원들이 되게 좋아해요. 본인이 스스로 드러내는 건 부끄러운데, 누군가 자기를 알려주는 걸 싫어하는 사람은 없거든요.

얼마 전에 선생님 중 한 명이 월 매출 1억을 찍어보겠대요. 살면서 월 매출 1억 소리를 다 듣고 너무 감동적이라 "선생님이 1억하면 내가 신문에 내줄게요. 내 돈 내 광고로"라고 했더니 우리 이사님은 이런 리액션이 다른 원장님들하고 다르다면서 좋아해요. 살롱에서 월 매출 1억 하는 디자이너들 전국에 꽤 있을 거예요. 그들은 살롱 내에서만 알고 회사에서만 회자되고 끝나는데, 전 신문에 내주면서 전국적으로 알리고 브랜딩해줄 거라니까 좋아하는 거예요. (2023년 11월, 그 디자이너는 1억 3,700만 원을 달성했다)

희선 팀원들 성장에는 고객이 있어야 할 텐데, 지현 이사님은 고객에게도 정말 잘하시던데요. 고객들도 이사님을 찾고요. 고객들을 위한 가격 프로모션 이벤트 말고도 꽃 선물하시는 것도 봤어요. 늘 머릿속엔 고객, 직원 성장, 살롱 성장만 있는 분으로 보여요.

지현 꽃은 크리스마스, 화이트데이 같은 특별한 날에 선물하기도 하고, 고객이 갖고 싶다고 하면 뽑아서 주기도 해요. 저는 현장에서 일하고 생활하는 게 너무 재밌어요. 개인적으로 달라진 점이 하나 있는데, 예전엔 행복해야 한다는 생각이 강했다면 이

제 행복은 잘 모르겠지만 현재 상태가 평온하다는 겁니다. 우리가 살면서 불행하다는 감정은 순간적으로 못 느끼지만, 행복하다는 감정은 순간순간 느끼죠. 맛있는 걸 먹을 때, 예쁜 걸 볼 때요. 사실 아무 일 없는 게 가장 평온해요. 이제 제가 매장에서 할 일은 서포터가 되어 다른 리더를 키워내는 일입니다. 제가 계속 자리를 지키고 있으면 리더로 성장할 사람들이 역할을 못 해요.

희선_ 맞아요. 언제까지 내가 다 할 순 없다는 사실을 인정하기가 힘들죠. 내가 있어야 살롱이 돌아가고, 내가 일일이 간섭해야만 일이 진행된다는 건 착각이에요. 제가 회사 그만두면 교육팀이 무너지는 줄 알았는데 퇴사 후에도 여전히 잘 유지되더라고요. 그때 비로소 깨달았어요 저는. 지현 이사님은 서포터로 빠지는 데 대한 불안은 없나요?

지현_ 워낙 마이크로 매니징을 했던 사람이라 불안감이 없다면 거짓말이죠. 조금은 있어요. 하지만 언제까지 한 매장만 마이크로 매니징을 할 수 없겠단 생각이에요. 맡기고 저는 여러 매장을 돌봐야죠. (2023년 10월 현재 네 개 매장을 관리 중이다)

희선_ 많은 인원을 관리하고 계셔서 특별히 묻고 싶은 질문이 있어요. 요즘 1인숍이 많아지는 추세인데 지현 이사님은 1인숍에 대해 어떻게 생각하세요?

지현_ 1인숍에서 잘하는 원장이라면 살롱 내에서도 잘했을 거예요. 그래서 안타까워요. 그런 원장님이 우리 매장에서 함께한다면 더 잘했을 것 같아서요. 1인숍은 한계가 분명해요. 본인이 일을 멈추는 순간 다 멈춘다고 생각해야 하거든요. 1인숍을 하는데 매출이 좋다면 그런 원장님들은 빨리 접고 다시 살롱으로 돌아와야 해요.

희선_ 혼자 운영하다가 살롱에 소속되면 어딘가 불편한 점이 있지 않을까요?

지현_ 혼자 하는 가장 큰 이유는 아마도 매출일 겁니다. 예를 들어 살롱에서 월 500만 원을 벌었다면 혼자 할 땐 800만 원을 벌 수도 있어요. 300만 원 때문에 그만두지 못하고 매여 있는 거죠. 길게 보지 못해서 안타까워요. 그리고 함께하는 시너지가 있잖아요. 혼자라 외롭기도 하고, 성장도 혼자 하기 때문에 눈에 잘 안 보이기도 할 거예요.

사람들은 자기 자신을 잘 모른다. 나를 바라봐주는 상대, 나를 객관화시켜줄 대상과 함께일 때 우리는 성장에 한 발 더 다가선다. 그걸 혼자서 할 때는 두 배, 세 배 이상의 노력이 필요할 수 있다. 지현 이사는 이제 원장 2년 차다. 하지만 다른 매장의 수많은 원장들과 직원들의 고충을 해결해주는 일을 하다가 원장을 하게 되어

서인지 남들보다 깊이 보고 멀리 보는 시각을 갖고 있었다. 나는 '잘하는' 원장들의 공통점을 지현 이사에게서도 발견할 수 있었다. 그들은 성실하고 솔선수범하는 자세를 갖췄으며 직원들과 관계가 매우 좋다. 직원들이 필요로할 때 항상 '현장'에 있다. 그리고 공과 사의 경계가 확실해서 직원들에게 혼란을 주지 않는다.

희선_ 저는 공과 사가 확실하고, 적당한 거리를 유지하는 것이 관계에 있어 아주 중요하다고 생각해요. 누군가는 선선한 거리라고도 표현하더군요. 거리가 잘 유지되는 살롱이 됐을 때 고객에게도 좋은 기운이 전해지고, 결국 매출로도 이어지는 것 같아요.

지현_ 맞아요. 공과 사 구분, 진짜 필요해요. 안 그러면 나중에 꼭 서로 상처가 되는 일들이 생겨요. 친하다고 너무 가깝게 지내고 불편하다고 말을 안 하면 일이 제대로 돌아가지 않아요. 싫든 좋든 안전거리를 유지해야 해요. 저는 너무 가까워졌다 싶으면 거리를 두려고 일부러 노력해요. 괜히 외출하기도 해요. 그래야 우리 선생님, 부원장님이 더 에너지가 생기거든요. 왕 노릇도 해봐야 해요. 그러면 자기 책임감이 커지거든요. 또 언젠가는 스스로 오너가 되어 궁전을 만들 수 있는 게 이 업의 매력이잖아요. 제가 나와서 중요한 일을 부원장님하고 상의하면 돼요. 이건 오늘 어땠어요? 오늘 매출 어땠어요? 대답하려면 그들은 미리 많은 걸 알고 있어야 해서 더 좋은 효과가 있고요.

희선_ 맞아요. 그런 의도로 나오는 건 아주 좋은데요?

지현_ 지금은 좀 나와 있어도 매장이 돌아가니까 일부러라도 나와요. 제가 없을 때 누가 리더인가 누가 리더십을 발휘할 것인가를 보는 기회이기도 해서요. 처음 여기 맡았을 때 이야기인데요, 자기들 정액권 하니까 서비스로 20% 더 넣어달라는 무례한 고객들이 있었어요. 저는 그분들 요구를 받아주지 않았어요. 이전 원장님들은 스트레스를 엄청나게 받아 가면서도 해줬더라고요. 나름의 대응 멘트가 있었어요. "고객님, 여긴 원장이 여섯 번 바뀌었잖아요. 전 여기 오래 있고 싶어요. 고객님이 제대로 내주셔야 저희도 오래 있죠." 이 말을 대놓고 했어요. 불만인 사람들은 떠나고 머리가 맘에 들면 남는 거예요. 이야기하다 보니 우리도 그런 시절이 있었네요. 요즘은 말할 필요가 없어요. 근처 스포츠 센터까지 소문이 났더라고요. 싹 바뀌었다고. (웃음) 요즘엔 고객들에게 '고객님 덕분에' 이런저런 걸 할 수 있었다고 정말 많이 이야기해요. 고객님 덕분에 꽃 샀어요, 고객님 덕분에 저 일본 갔다 와요, 고객님 덕분에 마사지하고 피부가 이렇게 좋아졌어요, 그렇게 말해요.

희선_ 듣기 좋아요. '덕분에'라는 칭찬을 받으면 우린 존재 가치를 느끼죠. 살롱이 잘 되는데 본인들의 지분이 있다고 느끼며 뿌듯해 할 것 같네요. 이제 면접에 대한 원장님의 생각이 궁금해요. 면접은 어떻게 보시나요?

지현_ 얼마 전에 디자이너 면접을 보는데 슬리퍼를 신고 와서 깜짝 놀랐어요. 서른두 살인데 디자이너 되자마자 2~3년을 피부미용만 하다가 다시 미용을 시작한다는 거예요. 근데 요즘 트렌드 스타일 하나도 못 하고 포트폴리오도 없대요. 본인한테 제일 중요한 일의 조건이 뭐냐고 물으니, 정착지원금을 얘기해요. 생계를 유지해야 한다면서요.

희선_ 첫인상부터 부정적 이미지를 주는 분이었네요. 상대에 대한 예의와 배려가 없어 보여요. 슬리퍼를 신고 이력서도 없이 온다면, 일하고 싶은 의지가 있는 걸까요?

지현_ 이건 아니다 싶었지만 한번쯤 얘기를 해주자 싶어서 말했어요. 선생님들이 착각하고 있는 게 있다. 저랑 일을 해도 되고 안 해도 되는데 우리는 서로 면접을 보는 거다. 이런 말 하는 건 좀 조심스럽지만, 선생님들 모두에게 하는 이야기이니 참고해 달라고요. 다른 곳에서도 면접을 볼 테니까요. 먼저, '정착지원금'이란 단어부터 잘못됐다고, '영업지원금'이 맞다고 했어요. 그건 생계유지비가 아니라 선생님이 이 매장에서 자리를 잡는 3개월 동안 인스타로 광고를 하거나, 본인이 제품을 많이 사서 써보고 고객들 재방을 오게 하는 영업에 도움이 될 수 있도록 하는 영업비로 써야 한다고요.

저는 '정착지원금'이란 단어가 선생님들의 의식을 잘못 만들었다고 생각해요. 생활비는 본인이 알아서 하는 거고 선생님의 영업 활동에 필요한 돈을 지원해주는 건 제가 할 일이죠. 정확한 의미를 알아야 돈을 제대로 쓸 것 같아요. 그리고 "지금부터 1, 2년은 많이 배우고 공부해야 30대 중반에 겨우 디자이너라고 할 수 있어요"라고 얘기해줬어요. 슬리퍼 이야기는 하지도 않았고 할 필요도 없다고 생각했어요.

면접이 끝나고 우리 선생님들을 모아놓고 우리가 어떤 모습이어야 하는지, 어떤 매너를 지켜야 하는지 이야기했어요. 같은 미용인으로서 선생님들이 언제, 어디서 누구를 만날지 모르는데 존중받지 못할 행동은 하지 않았으면 한다고 말했어요. 자기 몸값을 높게 보여야 할 자리에 오면서 아무렇게나 하고 오는 게 말이 되나요? 그리고 면접 오면 서로가 서로를 보게 돼요. 면접 오는 사람도 우리를 면접보는 거라고 말했죠.

희선_ 제가 썼던 책 《고객은 스펙보다 태도에 끌린다》에 직원이 고객을 부르는 카페에 관한 내용이 나와요. 언젠가부터 카페에 손님들의 발길이 뜸해졌는데, 그 이유가 직원들의 부재 때문이었어요. 직원들은 오너 이상의 오너십을 가진 분들이었죠. 직원이 떠난 자리에 진짜 주인이 남았는데 오히려 맞지 않는 옷을 입은 것처럼 고객들은 주인이 불편했던 거죠. 지현 이사님의 경우는 반대더라고요. 고객들이 시술도 하지 않는 지현 이사님이 있는 날을 체크해서 예약 날짜를 잡을 정도이니, 이런 특별한 관계를 만들어가는 비법이 궁금해요.

지현_ 저도 손님으로 가기 편한 카페는 알바생이 있는 곳이에요. 많지는 않지만, 몇몇 고객들은 신기하게도 제가 있을 때 맞춰서 오세요. 머리하면서 저랑 대화하려고요. 그래서 제가 매장에 있는 시간을 물어보고, 저한테 예약을 해요. (웃음) 우리 팀원들이 저를 대단하게 생각해 주는 부분이기도 해요. '고객들이 원장을 찾는다, 궁금해한다, 안부를 묻는다, 반가워한다, 보고 싶어 한다'를 신기해합니다.

저는 고객들과 대화하는 만큼 팀원들과도 이야기를 많이 해요. 문제 해결을 좋아하거든요. 똑똑한 팀원들은 명료하게 잘한 것, 못한 것 이야기해주면 좋아해요.

희선_ 직원들을 만나서 얘기해보니, 무서운 원장님보다 착한 원장님이 더 좋다고 하면서도 막상 착하고 순한, 친구 같은 원장님 밑에서 일하는 직원들은 원장님이 조금 무서웠으면 좋겠다고 해서 좀 의아했어요.

지현_ 아, 저는 웃겼다가 무서웠다가 그 사이 어디쯤에 있는 것 같아요.

희선_ 직원들의 니즈를 잘 아는 분이네요. 평소에는 편하다가도 할 말은 해주는 리더. 저도 그런 사람이 되고 싶어요.

지현_ 저도 처음부터 이러지는 않았어요. 꾹꾹 참는 스타일이었어요. 참다가 폭발하고. 지금은 그때그때 얘기를 하는 편이에요. 이게 가장 많이 달라졌죠. 원장이라고 감정이 없겠어요. 감정을 있는 그대로 드러내는 편이 팀원들에게 더 인간미 있게 느껴질 수 있어요. 팀원들이 미래의 자기 모습을 상상할 수 있게 동경의 삶을 보여주는 것도 필요하다고 생각해요.

지현 이사는 네이버에 인물 검색이 된다. 지현 이사 본인도 모르게 팀원이 등록을 해놓았단다. 고객에게 자랑하고 싶어서라나. 이에 질세라 원장님도 직원들 자랑에 침이 마른다. 몸살감기로 아파도 직원들을 위한 김밥 지단을 만들며 원장의 즐거운 소임을 해낸다. 매출은 일하는 사람들의 분위기, 즉 사기(士氣)에 따라 결정된다고 지현 이사는 강조했다. 그와 함께 일하는 직원들은 최고의 강사에게서 매일매일 비싼 코칭을 무료로 받으며 누구보다 단단하게 성장하고 있다는 사실을 알까?

아침이면 살롱 창문을 활짝 열어놓고 커피를 따르며 고객을 부르는 모습을 SNS에서 보면 여기가 카페인지 헤어살롱인지 잠시 헷갈린다. 이 모습이 너무 사랑스러워 가보고 싶어진다. 사실 어느 원장이 매일 걱정 없이 웃을 일만 있을까? 나에게 오는 모든 일을 어떻게 해석하느냐에 따라 문제가 커질 수도 작아질 수도 있으며, 나를 울게도 웃게도 할 것이다. 긍정의 힘, 지현 이사를 떠올리면 왠지 모든 일이 괜찮아질 것 같다.

꼴등도 행복한 살롱, 디테일한 매뉴얼

하희선 인터뷰집

문미영
살롱에이 강릉점

꼴등도 행복한 살롱, 디테일한 매뉴얼
– 디테일한 매뉴얼로 소통의 벽을 넘다

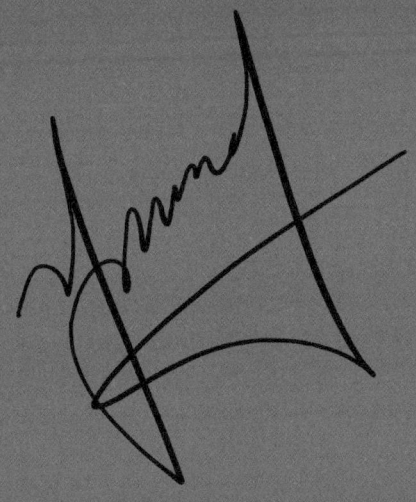

살롱 | 살롱에이 강릉점
대표 원장 | 문미영
직원 | 대표 원장 1명 + 원장 1명 + 매니저 1명
+ 디자이너 7명 + 아놀라즈 6명

3년 전 살롱에이 강릉점에 강의를 갔을 때 일이다. 일찍 도착해 강의 준비를 하고 있는데 문미영 원장이 도착했다. 손에는 크고 작은 반찬통이 가득 들려 있었다. 오늘이 무슨 특별한 날이냐고 묻자 직원들이 점심에 먹을 국과 찬이란다. 살롱에이 강릉점에서는 직원들이 점심마다 원장님이 차려준 집밥을 먹는 호사를 누린다.

2023년 7월 20일, 2023년 10월 12일 두번에 걸쳐 문 원장을 만날 수 있었다. 모임을 함께 하면서도 인터뷰를 하게 될 줄은 몰랐으니 특별한 인연이란 생각이 들었다. 살롱에이 강릉점은 다른 곳에 비해 직원들 연령대가 20대부터 40대까지로 폭이 넓은 편이다. 그렇다면 소통에 문제는 없었을까. 문 원장은 최대한 디테일한 매뉴얼을 만들어 직원들 간에 마음 상할 일이 없도록 사전에 준비하는 편이라고 말했다. 집밥을 먹고 매일의 루틴을 지키면서도 배려와 협동으로 살롱에이를 강릉에서 1등 살롱으로 만든 그의 '디테일한 매뉴얼'이 궁금해졌다.

희선_ 원장님은 어떻게 미용을 시작하셨어요?

미영_ 원래 경영, 무역을 하고 싶었어요. 근데 제 역량이 부족해서 대학교를 다 떨어졌어요. 돈 벌어서 잘 사는 게 목표였기 때문에, 미용이 돈 벌기 가장 좋은 일인 것 같아 선택했어요.

희선_ '무역'이 '미용'으로 바뀌었네요. 모음이 같으니 이것도 운명일까요?

미영_ (웃음) 엄마의 권유도 있었고, 강릉에 있는 대학 미용과에 들어갔어요. 별 기대 없이 갔는데 수업이 너무 재밌는 거예요. 이미 자격증을 딴 친구들도 많았어요. 저만 경험이 하나도 없는 상태로 들어갔는데, 이게 너무 재미가 있으니까 제가 1등을 했어요. 장학금도 타고요. 취업은 서울로 왔어요. 당시에는 미용과에 주야간 합쳐서 학생이 400명 정도 됐으니까 서울로 취업을 많이 왔죠. 처음으로 이대 앞에 있는 미용실에 취직했고 두세 군데 옮겨 다니다 디자이너가 됐어요. 그러다 결혼을 하면서 바로 서울에 오픈을 했죠.

희선_ 디자이너가 되자마자 오픈을 했군요. 원장님이나 동료들과 관계가 힘들었나요? 하이퍼포머의 매출을 올리니 그냥 내 매장을 차리자는 마음이었나요?

미영_ 그냥 넘치는 자신감이었어요. 매출이 좋으니 제가 최고인

줄 알았죠. 일도 잘하고, 디자이너로 고객들 반응도 굉장히 좋았어요. 대형 매장은 아니었지만 하이퍼포머란 느낌으로 일했어요. 제가 진짜 잘하는 줄 알고 어깨에 힘이 들어갔고 바로 오픈을 했죠. 그렇게 서울에서 1인숍을 오픈했어요. 그리고 바로 망했어요. (웃음)

희선_ 너무 반전인데요. 신나게 잘 나가다 망하다니요. 디자이너로 승승장구하다가 지금의 살롱에이 강릉점을 1등으로 만들었다! 이렇게 해피엔딩으로 이어지는 줄 알았어요. 망한 이유가 궁금하네요.

미영_ 여러 명이 함께 일하는 환경에서 잘했던 거잖아요. 인턴이 도와주고 원장님 영향을 받고. 근데 저 혼자 잘나서 잘 큰 줄 알고 자만했던 결과죠 뭐. 아마 저와 같은 이유로 1인숍 오픈하는 원장님들 계실 거예요. 나 혼자 잘할 수 있어! 자신감 가득했는데, 오픈하고 나니까 해야 할 게 너무 많은 거예요. 그중에서 가장 힘들었던 건 외로움이었어요. 고객과의 관계도 외로움을 달래주기에는 역부족이었어요. 외로움이 줄어들질 않았어요.

희선_ '고객과의 관계는 내 외로움을 달래줄 수 없다.' 명언이네요. 원장님은 사람과 부대끼며 생활하는 데 즐거움을 느끼는 분 같아요. 직원들 점심밥 해올 때부터 알아봤어요.

미영_ 제 성향은 동료들이 많았어야 하는 거였어요. 그걸 몰랐고, 혼자서 잘할 거라고 착각한 거죠. 1인숍을 하면 고객이 없을 때는 없어서 힘들고, 고객이 오면 있어서 귀찮고, (웃음) 하루에도 몇 번씩 제 감정이 요동을 치더라고요. 혼자서 인사부터 음료 서비스, 샴푸, 나갈 때 계산까지 모든 걸 다 해야 하니까요.

희선_ 지금 원장님 모습을 봐선, 그때 귀찮아 하셨다는 게 상상이 잘 안 돼요. 그리고 1인숍을 하면 혼자 모든 걸 다 해야 한다는 걸 왜 몰랐을까요?

미영_ 그러니까요. 처음부터 함께 일하는 데 익숙해 있어서 미처 생각을 못한 거예요. 1인숍이 망하고 깨달았죠. 그동안 자만해 있었다는 걸. 제가 손이 빠르고, 일 습득력도 빠른 편이라 칭찬을 많이 받았어요. 소위 하나를 알려주면 열을 하는 아이였어요. 그러니 동료들과 갈등도 많았죠. 이렇게 잘하는데 혼자 하면 더 잘하겠지 생각한 거예요. 쟤네들은 왜 나처럼 못하지? 뭐 이런 생각도 많이 했었어요.

희선_ 너무 잘하다 보니 다른 사람의 부족함을 이해하지 못해서 동료들과 갈등이 생기셨군요. 편안한 첫인상을 갖고 계셔서 상상 못했는데, 원장님께도 그런 시절이 있었다니 놀랍네요.

미영_ 어렸을 땐 되게 독했어요. 제가 배우는 게 빨라서 습득력이 좀 떨어지는 사람을 많이 무시했어요. 디자이너도 무시하고. 그러니 직원들이 좋아했겠어요? (웃음) 지금의 저는 그런 직원들을 다 이해할 수 있어요. 제 성향도 그랬고, 다 겪어봤으니까요. 어떤 마음에서 그런 행동이 나오는지도 다 보여요.

희선_ 1인숍은 얼마 만에 망했나요? 결국 매출이 없어서 망한 건가요?

미영_ 1년 반 만에요. 근데 혼자 한 거에 비해 나쁘진 않았어요. 스타일을 못하는 것도 아니고 매출이 안 나온 것도 아니었고요. 제가 '망했다'고 한 의미는 신나서 일을 하지 않았기 때문에 매출도 당연히 줄어들 수밖에 없었고, 돈 벌려고 살롱을 오픈했는데 매출이 줄어드는 게 자꾸 보이니까 난 안 되는구나 깨닫고 1년 반 만에 매장을 내놨단 뜻이에요. 그리고 나니까 서울에 있는 게 너무 싫었어요. 2년도 못 가서 문을 닫았으니 창피하고, 주변 동료들 보는 것도 불편하고, 많이 힘들었어요. 마침 남편이 강릉으로 발령받아서 이때다 싶어 같이 온 거예요. 남편한테도 창피하다는 말 대신 서울이 너무 싫다고 하면서 왔어요.

희선_ 좌절을 맛본 뒤라 상심이 컸겠어요. 그래서 강릉에 와서 오픈하게 된 건가요?

미영_ 처음부터 오픈을 하진 않았어요. 한번 실패했으니까 트

우마가 있잖아요. 상황 파악도 할 겸 디자이너로 3년 정도 일했어요. 그러다 내가 할 수 있는 환경이 만들어지는 시기가 되었다고 판단했을 때, 1인숍 말고, 디자이너 한 명이랑 인턴 한 명이랑 저까지 세 명이 일하는 개인 살롱을 오픈했어요. 이때부터가 정상적인 원장 생활의 시작이에요. 당시는 예전의 문미영이 가지고 있던 자만심은 전혀 없고 새로움으로 가득했죠. 강릉엔 나를 아는 사람도 없고, 서울에서 나름 이미지를 잘 만들어 본 경험도 있고, 자존감도 조금은 내려놨고. 모든 걸 리셋하는 마음으로 할 수 있을 것 같았어요. 이때부터 직원들과 갈등이 생기지 않는 방법을 찾기 시작한 거예요. 저한텐 그게 제일 중요했으니까요. 직원이 네 명이 되고, 다섯 명이 되고, 여섯 명이 되면서 2호점을 차렸어요. '아모레'가 주최하는 원장들 대상 교육인 '팀아모스' 활동을 하다가 '살롱에이'를 알게 됐어요.

희선_ 내 이름을 건 살롱을 하다가 다른 브랜드로 바꾸는 게 쉬운 결정은 아니었을 것 같아요.

미영_ 원래는 바꿀 생각이 없었는데 계기가 있었어요. 직원이 적을 때는 괜찮았는데 여섯 명까지 늘어나니 직원 컨트롤이 너무 힘든 거예요. 기존 디자이너가 있는 살롱을 그대로 인수했었거든요. 그랬더니 고정 고객이 있던 디자이너들에게 계속 끌려다니게 됐어요. 오래 됐는데 머물러 있으려고만 해서 저랑 불협화음이 생기더라고요. 교육 받는 일에 반발이 있다거나, 뭘 하려고 할 때 비협조적이라거나, 근데 월급은 더 요구하고, (이건 세월이 흐른 지금도 유사한 현상이다) 예를 들어, 매출은 5백인데 월급은 훨씬 더 줘야 하는 상황들이 생기는데 혼자 해결할 방법이 없더라고요. 팀아모스를 통해 '살롱에이'를 보니 브랜드를 가져오면 이 부분에 도움을 받을 수 있겠단 생각이 들었어요. 실제로 도움을 받았어요. 강릉에 와서 세 명으로 시작한 살롱이 원장 생활의 처음이었다면, 살롱에이는 본격적으로 체계를 잡는 시기였죠.

희선_ 원장님은 디테일한 매뉴얼이 강점이시죠. 강릉에서 세 명이 시작할 때부터 매뉴얼이 있었나요? 요즘 많은 브랜드가 시스템의 필요성을 말하는데, 시스템적으로 움직이게 하는 기본이 매뉴얼이잖아요.

미영_ 그때는 '내 생각이 매뉴얼이다'란 생각으로 그냥 했어요. 강릉에서 좀 이슈가 됐으면 좋겠단 생각에 '시세이도 콘셉트 살롱'을 시도했는데, 당시 좋은 제품을 쓰는 곳이 많지 않던 때라 우리를 좋은 제품을 사용하는 살롱으로 인식시켰어요. 디자이너도 잘 성장시켜서 나가서 오픈하면 다 잘됐어요. 이런 것들이 좋게 소문이 나기 시작했죠. 점차 직원들이 모여 들기에 직원들에게 대놓고 말하기도 했어요. 우리 살롱에서 디자이너 돼서 나중에 오픈하면 절대 망하는 일 없이 잘 되어야 한다고요. 직원들에게 그걸 만들어주는 일이 지금 내가 해야 할 일이라는 사명감이 생겼어요.

희선_ 초기의 성공 요인인 셈이네요. 원장님의 마인드가 너무 중요하다는 걸 또 배웁니다.

미영_ 상대방에게 먼저 바뀌라고 말하지 않고, 제가 먼저 바뀌는 거죠. 매장 두 개를 운영하다가 1호점 직원들과 트러블이 생겨 큰 손해를 보고 거길 접었어요. 금전적 손해가 너무 크고 마음도 많이 힘들었지만 그대로 주저앉을 수는 없는 노릇이잖아요. 손해본 건 잊고 다시 잘해보자 마음먹고 일하는데 1호점 다니던 고객들이 2호점으로 다 찾아와주시는 거예요. 잘 해봐야 반 정도 오겠구나 싶었는데 고맙게도 다 오시니까 매출이 두 배로 올랐죠. 매장이 두 개일 때보다 이익률이 더 좋아진 거예요. 위기라고 생각했던 상황들이 위로가 되는 순간들이었어요. 손해본 돈을 다시 버는 데 오래 걸리지 않았어요.

희선_ 강릉에서 살롱에이가 1등인 걸로 아는데, 잘 되는 이유가 뭐라고 생각하세요?

미영_ 지방에 사시는 분들은 브랜드를 좋아하세요. 이게 저에게 기회였던 게, 강릉에 큰 브랜드가 없었어요. '살롱에이'를 강릉에서 브랜드 살롱으로 인식시키는 게 어렵지 않았어요. 또 1호점, 2호점의 위치도 좋았어요. 한 마디로 운이 좋았죠. (겸손함은 잘 되는 분들의 공통점이다) 전국적으로 프랜차이즈가 많은 살롱은 아니었지만 고가 전략으로 강릉에서 브랜딩이 잘 됐어요. 직원들한테 선언했죠. 우린 절대 싸게 받지 않겠다고. 전국으로 보면 우리 금액이 고가가 아니지만, 강릉에서만 보면 비싸요.

희선_ 고가 전략을 고수할 때 매출이 떨어질까 봐 두렵진 않았어요? 보통 원장님들이 가격 올릴 때 고객이 이탈할까 봐 고민 많이 하거든요.

미영_ 너무 무서웠죠. 그런데도 한 거예요. 디자이너 선생님들이 굳이 왜 그러냐고 반대도 세게 했어요. 그런데도 우리 잠깐만 마음을 비우자, 부족한 부분은 내가 채워줄 테니 걱정 말고 해보자, 그렇게 설득했어요.

고객들에게도 같은 맥락으로 설명했어요. 우리 매출 욕심으로 모든 가격대의 고객을 받지는 않겠다고요. (저가를 원하면 그에 맞는 살롱도 이용하시라는 뜻이다) 요즘은 네이버 플레이스 등으로 워낙 경쟁이 치열하니까 할인을 좀 하지만, 예전에는 한 번도 할인 행사를 한 적이 없어요. 고객들은 왜 할인이 없냐고 하시죠. 그럼 "정말 죄송하지만, 저희가 할인을 안 하는 이유가 있어요. 다 같이 잘 살아야죠. 저희가 강릉에서 나름 브랜드 살롱인데 할인이다 뭐다 해서 가격경쟁을 하면 소형 살롱들은 어쩌겠어요. 우리는 모든 살롱과 상생해야 한다고 생각합니다. 대신 우리 금액에 맞게 더 좋은 서비스를 제공하겠습니다."라고 말씀드려요. 함께 근무하는 인턴, 디자이너 선생님들한테도 그렇게 대답하라고 했고, 할인은 절대 안 한다고 말해줬어요.

희선_ 원장님의 큰 뜻은 알겠지만, 기분 나쁜 고객들도 있고 클레임도 있었을 텐데요.

미영_ 기분 나쁜 분들도 있었을 거예요. 그래서 발길을 끊은 분들도 있겠죠. 그런데 그건 생각하지 말아야 할 부분이에요. 디자이너들도 고객이 안 오면 그냥 그렇다고 생각해요.

희선_ 확실한 전략을 만들고, 서비스 매뉴얼도 만들고, 뚝심 있게 나가니 고객들도 남을 분들만 남은 거네요. 말이 쉽지 누구도 결단하기 어려운 일이라고 생각해요.

미영_ 시간이 지나니 전략이 정착되었어요. 계속 오시는 고객분들의 생생한 증언에서 '우리가 잘했고, 잘하고 있구나' 확신하게 되었어요. 친구들 모임에서 '살롱에이' 다닌다고 하면 '거기 너무 비싸잖아'라고 말해요, 그러시는데 그 말을 전하는 고객분의 표정엔 오히려 자랑스러움이 묻어나는 거예요. 자존감이 높아진 모습이라고나 할까요? 제가 제일 기분 좋은 말이 '여기 많이

'비싸잖아'예요. 이 말 속에는 많은 뜻이 내포되어 있어요. 나는 여기 올 만한 사람이고, 이만큼 쓸 능력이 있는 사람이라는 프라이드가 있어요.

이게 소문이 나서 먹혔어요. 지금까지 오래 다니시는 고객분들 모두 프라이드가 있어요. "나 머리 예쁘다는 소리 많이 들어요. 사람들이 물어봐서 '살롱에이' 다닌다고 하면 비싼 데 다니네요, 비싸죠? 그래요."라고 말씀하세요. 그럼 저도 "그렇죠? 좀 비싸죠?" 인정해드려요. 그리고는 이어서 "그만큼 좋은 제품 써서 고객님 모발, 두피에 충분히 케어를 해드리니까 그 값이라고 생각하시면 더 좋죠!"라고 하면 "맞아! 그래서 내가 여기 다니는 거예요!"라고 해주세요.

희선_ 고객들뿐만 아니라 이런 피드백을 듣는 직원들의 프라이드도 굉장히 높겠어요. 다른 곳으로 이직은 없겠어요.

미영_ 직원들이 저희 살롱에 근무하는 것에 자부심이 높아요. 나갔다가도 돌아오고 싶어 하는 친구들이 많은데, 자리가 없어서 못 돌아오는 경우가 더 많아요.

희선_ 흔히 아는 고가 전략과는 다른 목적과 의미가 있어서 의외입니다. 다양한 가격대를 추구하는 살롱들의 상생도 참 좋고, 자신감 있는 모습도 아주 당당해 보여서 좋네요. 한편 고객 입장에서는 어쨌든 비싼 가격대에 걸맞는 서비스도 있었으니까 찾아왔을 텐데요. 어떤 서비스를 하셨나요?

미영_ 사실 기술적인 부분은 다 비슷비슷해서 눈에 띄는 차별화를 만들긴 어려워요. 그래서 말투나 행동에 더 많은 노력을 기울였어요. 대단히 특별할 건 없어요. 인사할 때 좀 더 다정하게. 예를 들어, "안녕하세요. 어서 오세요."에서 끝내지 않고 "오늘 너무 더우셨죠, 많이 힘드셨죠? 차 한 잔 드세요."처럼 너무 과하지 않으면서도 상대방을 배려하는 인사를 하는 거죠.

희선_ 그게 자연스럽게 몸에 배어 나오려면 교육도 받고 엄청난 연습이 있어야 하는데, 어떻게 연습하셨어요? 원장님 마음이랑 직원들 마음은 다르죠. 하라는 것만으로는 움직이지 않잖아요.

미영_ 제가 멘트를 글로 다 써주고 외우라고 했어요. (웃음) 롤플레잉도 하고요. 브랜드 살롱하면서 본사에서 교육받은 내용을 토대로 만든 다음 꾸준히 실행한 거예요. 매뉴얼 내용을 처음에는 무조건 다 외우게 했어요. 그 후 각자의 화법에 맞춰 변형해 보는 연습을 했어요. 사람마다 화법이 다 다른데, '하겠습니다', '했습니다' 이렇게만 하면 로봇 같잖아요.
고객분들이 가실 때도 '안녕히 가세요'가 아니라 좀 더 세심하고 다정하게 "조심해서 가세요. 차 어디에 주차하셨어요? 비 오니까 제가 우산 씌워드릴게요." 이런 식의 서비스 멘트를 하나하나 다 만들었어요. 서울은 몰라도, 강릉은 그렇게 한 곳이 거의 없었기 때문에 고객들에게 통했다고 생각해요. 그것부터 시작해서 아주 친근하고 가깝게 느껴지면서도 뭔가 대우받는 느낌이 드는 서비스를 만들기 시작했죠.

희선_ 직원들 이야기를 좀 해볼께요. 혹시 서울에서 일해보고 싶다고 가는 직원은 없었나요? 있다면 원장님은 어떤 반응을 보이시는지요?

미영_ 그런 직원들이 늘 있기 마련이죠. 저는 가보라고 해요. 말리면 더 가고 싶은 법이잖아요. 다른 곳이 어떤지 경험도 해봐야죠. 다만 잘하는 친구에겐 항상 여지를 남겨둬요. "가서 은경(가명) 님이 경험하고 싶은 거 다 해봐요. 일하다 정말 아니다 싶으면 다시 돌아와요. 은경 님 자리는 남겨둘 테니까."

나는 이 대목에서 <경영전쟁시대 손자병법을 만나다>에서 읽은 글이 생각났다. 제나라 군주 선왕(宣王)이 맹자에게 "어떻게 신하를 예우해야 그들이 나를 위해 목숨을 던지고 내가 죽었을 때 정말 슬픈 마음으로 상복을 입겠는가?" 묻자 맹자는 세 가지 원칙을 말한다. "첫째 신하가 떠날 때는 말 없이 고이 보내주고, 둘째 신하가 가는 곳에 미리 사람을 보내 아낌없이 그를 칭찬합니다. 그리고 셋째 적어도 그 신하가 떠나고 3년은 돌아오기를 기다려줘야 합니

다." 떠날 때는 앞날을 위해 고이 보내주지만 언젠가 돌아오면 반가이 다시 맞아들일 수 있는 것이 리더의 마음이라고 했는데. 확실히 문 원장은 맹자가 말하는 신하의 충성을 얻는 방법을 아는 분이었다.

희선_ 떠나는 직원 입장에선 죄송하면서도 한편으론 얼마나 든든했을까요! 그런데도 결국 돌아오는 직원은 어떤 부분이 힘들어서 다시 왔다고 하던가요?

미영_ 경쟁이 너무 치열해서 힘들었대요. 저도 경쟁을 시키지만 치열하게 만들진 않아요. 디자이너나 인턴이나 경쟁이 치열해지면 질투심이 생기고 서로 안좋아져요. 저는 그렇게 되지 않는 선까지만 경쟁을 붙여요. 그리고 줄 세우는 건 별로 안 해요. 전 1등부터 꼴등까지 행복해야 된다는 경영 철학이 있어요. 그러려면 선의의 경쟁을 해야죠.

희선_ 경쟁은 하되 치열하진 않게. 선의의 경쟁을 통해 서로 성장하게 만들어 준다. 실제로는 결코 쉬운 일이 아닐 텐데요.

미영_ 우리 디자이너들은 사이가 아주 좋아요. 고객분들이 들어왔을 때 여긴 분위기가 좋다, 내부가 밝다 그러세요. 살롱 조명이 밝은 게 아니라 직원들이 밝은 거예요.

희선_ 밝은 직원들을 뽑으려면 면접이 너무 중요하죠? 면접 볼 때 어떤 점을 가장 중요하게 보세요?

미영_ 면접 보는 그 짧은 시간에 사람을 다 알 수는 없지만 신중하게 보려고 노력해요. 시대가 달라지면서 생각지도 못한 면접이 있기도 해요. 최근엔 면접 보다가 부모님에게 제가 거꾸로 면접을 당한 적도 있어요. 요즘 디자이너들은 자기들이 원장을 면접 본다니까요. "여기는 인센티브가 몇 퍼센트인가요?" 하면서 살롱을 선택하기도 해요.

희선_ 인센티브 퍼센트가 중요한가요? 급여에는 오히려 객단가나 고객 수가 더 영향을 주지 않나요?

미영_ 맞아요. 그래서 다짜고짜 인센티브부터 묻는 사람에겐 "선생님은 여기서 일하면 매출을 얼마나 올려줄 수 있나요?"라고 오히려 역으로 질문해요. "이전 살롱에서 받은 최고금액과 최저금액은 어떻게 되나요?", "고객은 얼마큼 확보할 수 있어요?" 등등 매출 관련 질문을 던지면 지혜로운 사람은 "그건 미처 생각해 본 적이 없네요. 예전 살롱에서의 매출은 ○○입니다."라고 대답할 수도 있지만, 웬만한 사람은 당황해서 답을 잘 못해요.

내가 들어도 그건 허를 찌르는 질문이었다. 이건 면접을 보는 사람

이나 하는 사람 모두 한 번쯤은 생각해볼 만한 문제다. 혹시 인센티브가 적다고 말하면 안 올까 봐 조금이라도 더 준다고 덜컥 얘기해놓고는 마음이 불편해지는 면접관도 있을 것이다. 면접을 보다 말고 면접관이 인센티브를 얼마나 줘야 할지 고민하지 말고, 디자이너가 스스로 얼마나 책임 의식을 갖고 열심히 할 의지가 있는지 알아보는 게 먼저 아닐까 싶어졌다.

희선_ 프리랜서라지만 협업이 중요한 살롱 워크에서 개인주의적인 마인드나 태도를 갖고 있거나, 이로 인해 매출까지 저조해지면 리더에겐 너무 큰 리스크죠.

미영_ 면접 볼 때 특히 '무조건' 열심히 할 거예요, 잘할 수 있어요, 제가 사람들과 말을 잘해요, 이렇게 말하는 사람들을 뽑지 않았던 것 같아요. 제일 먼저 저는 성실성을 봐요. 특히 출근에 대한 성실성이요. 인성은 하루 아침에 알 수 있는 게 아니니까요. 일단 직원으로 뽑고 나면 성향을 파악해서 거기 맞는 교육을 시키고 이야기도 많이 나눠요.

희선_ 좀 더 구체적으로 들어볼 수 있을까요?

미영_ 예를 들어, 내성적인 인턴이 있어요. 내성적이든 활발하든 인턴은 시키는 일을 하고, 하는 일이 비슷해서 누가 잘하고 못하고가 많이 티나진 않아요. 말을 잘하면 고객들과 유대관계가 좋을 순 있죠. 하지만 말수가 적다고 일을 못하는 건 아니예요.

희선_ 너무 중요한 말씀이네요. 내성적이면 말수가 적을 뿐이지 일을 못하는 건 아니다. 제가 앞으로 잘 새겨야 할 이야기예요.
미영_ 맞아요. 인턴 때는 크게 문제가 되지 않아요. 근데 디자이너가 되면 개인의 성향이 중요해져요. 저는 앞에다 대고 수연(가명) 선생님은 성격을 고쳐야 한다고 말하기 보다 성향에 맞는 고객들을 배정해줘요.

희선_ 아주 세심하게 관찰하셔야겠네요. 초급 디자이너 때는 그렇게 맞춰줄 수 있지만, 언제까지나 그렇게 해줄 순 없죠.
미영_ 네. 시간이 지나면 고객과 대화도 늘고 직원마다 성향이 조금씩 변하기도 해요. 완전히 바뀌지는 않지만요. 제가 "수연님은 바꿔야 돼요"라고 말해주기보다는 본인과 비슷한 성향의 고객을 응대하다 보면 그동안 미용 기술적인 부분이 차츰 좋아질 거잖아요. 자기 기술에 자신감이 생기면 본인과 성향이 다른 고객들도 받게 돼요. 그런데 여기서 반드시 클레임이 생겨요. 다른 성향의 고객, 특히 내성적인 디자이너가 외향적인 고객을 만나게 되면 맞장구도 쳐줘야죠, 시술도 해야죠 정신이 없어져요. 작업에 집중해야 하는데 두 가지를 한 번에 하지 못하니 시술에 클레임이 나올 수밖에 없는 거죠. 그럴 때 제가 항상 했던 말이 있어요.

"클레임이 생기면 처음엔 그것 때문에 걱정하고 어떻게 해야 되나 고민을 하게 돼요. 나는 클레임이 성공의 발판이라고 생각해요. 클레임을 무서워할 필요는 없어요. 지금까지 잘된 디자이너들도 다 클레임이 있었어요. 이런 경험을 통해 더 나은 디자이너가 되는 거예요. 클레임을 무섭다고 생각하지 말고 공부할 수 있는 기회라고 생각해야 되는데, 아직은 그게 어렵죠. 어려운 게 정상이고 고민하는 게 정상이에요." 고객이 말을 많이 한다고 나까지 말을 많이 할 필요는 없어요. 이걸로 스트레스를 받던데, 말이 많은 사람에게는 잘 듣고 있다는 표현, '아, 네, 맞아요, 그렇죠' 같은 리액션이 중요한 거예요. 말 많은 사람은 상대가 같이 말을 많이 하면 오히려 싫어할 수 있어요. 따라서 초급 디자이너가 신경 써서 준비해야 하는 건 리액션입니다. 질문을 하거나 말을 시키진 말라고 알려줘요.

희선_ 왜 나한테만 이런 일이 생기는 건지 고민하는 것보다, 시각을 바꿔서 성장의 요소로 생각하면 괜찮아질 거예요. 누구든 클레임을 피해갈 순 없으니까요. 직원들 반응이 궁금한데요?
미영_ 클레임을 불만의 요소로만 보면 고객 입장도, 직원 입장도 힘들기만 해요. 클레임을 받아 보면 디자이너는 배우는 부분이 많아져요. 오늘의 시술 과정에 신경을 못 쓴 부분이 있다면 다음엔 뭘 해야 될지 글로 써보고 행동에 옮겨보도록 해요. 클레임 고객 때문에 어려움이 생기면 꼭 저한테 도움을 요청하라고 해요.

희선_ 성향이 다른 고객을 시술하다가 클레임이 생긴 구체적 사례가 궁금해요.
미영_ 머리를 가슴 선까지 커트해야 되는데, 고객이 계속 머리에 대해 말을 시킨 거예요. 초급 디자이너라 길이에 신경을 많이 쓰면서 잘라야 했는데 말을 하다가 순간 길이가 쇄골 선까지 짧아진 거예요. 아주 심각한 클레임이 나왔죠.

희선_ 어떡해요. 머리를 다시 붙일 수도 없고, 고객이 화가 많이 났겠어요. 롱헤어는 길이에 민감하잖아요.
미영_ 붙일 수 있으면 얼마나 좋겠어요. 컬이 세다면 풀어주면 되고, 염색이 잘못 됐다면 다시 해주면 되겠는데 이건 어떻게 할 수가 없는 거예요. 고객은 난리가 나겠죠. 직원은 죄송하다는 말밖에 할 게 없고. 눈에 다 보이는 결과니 변명을 할 수도 없고. 백퍼센트 환불은 당연하고, 고객이 요구하는 게 있으면 그것도 해줘야죠. 붙임머리를 해달라면 손해가 나도 감수해야 해요. 이럴 때 저는 이런 클레임엔 어떻게 해야 하는지 직원 스스로 생각해서 처리할 힘을 기르게 도와줘요.

희선_ 그때 그 고객은 뭘 원했어요?

미영_ 머리 길이가 쇄골까지 짧아졌잖아요. 숱이 많았는데 짧아지니까 머리가 삼각형으로 퍼졌어요. 차분하게 해달라고 하더라고요. 커트만 할 고객이었는데 볼륨매직을 원했어요.

희선_ 해줘야 하는 거죠?

미영_ 그럼요. 볼륨매직을 해줬는데 머리가 너무 예쁘게 나와서 다행히 잘 해결되었어요.

희선_ 그럴 때 비용은 어떻게 처리해요? 디자이너 본인이 내는 건가요?

미영_ 아니요. 비용은 없어요. 우리 살롱은 초급 디자이너에게는 비용을 안 빼요. 저는 철칙이 하나 있어요. 계약서에는 클레임이 생기면 디자이너가 일부를 지급해야 한다는 조항이 있지만, 제가 봤을 때 디자이너가 정말 열심히 했는데도 불구하고 어쩔 수 없이 생긴 클레임은 0원 처리해요. 이걸로 끝내요.

희선_ 원장님 같은 분들이 많지 않을 텐데, 이 내용이 나가면 문 원장님과 다른 원장님들이 서로 다른 이유로 곤란을 겪을 것 같아요. 그런데 이런 부분이 바로 원장님만의 운영의 묘라서.

미영_ 저도 이렇게 하는 이유가 있어요. 클레임은 이미 생겼고,

고객이 매직을 요구하는 상황에서 디자이너한테 비용을 부담시키면, 핑계를 대거나 그냥 돌려보내는 상황도 생길 수 있거든요. 그럼 더 큰 클레임으로 확대되고, 고객은 아예 발길을 끊고, 나쁜 소문이 나겠죠. 고객을 그렇게 잃을 바엔 차라리 원하는 걸 해주고 0원 처리를 해주면 적어도 디자이너는 최선을 다하니까요. 클레임 손님이 열 명이면 적어도 50퍼센트는 다시 오더라고요. 그리고 오히려 더 좋은 이미지가 쌓일 수도 있죠.

희선_ 계약서는 원래처럼 쓰고 직원의 태도를 보고 해주는 게 맞겠죠. 이걸 악용하면 안 되니까요. 클레임 걸리게 행동하고 나몰라라 해버리면 곤란하죠.

미영_ 맞아요. 태도가 좋지 않으면 안 해주겠죠. 함께 일하면서 신뢰 관계를 충분히 쌓았으니 괜찮아요. 그리고 다 안 받는 건 아니에요. 옷에 염색약을 묻혔다거나 커트하다 옷깃을 잘랐다거나 하면 그 비용은 디자이너에게 받아요. 시술에 대한 클레임만 0원 처리를 해주는 거예요. 자기 부주의로 인한 실수엔 돈을 받죠. 화상을 입혔을 경우에는 반반이에요. 보험에 들어 있거든요. 충분히 신경을 쓸 수 있는 부분인데 부주의했다면 반드시 받겠다. 이런 건 확실하게 정리가 되어 있어요. 예를 들어, 머리를 자르다가 커트보 안에 있던 옷이 잘렸다고 해봐요. 이건 아무리 생각해도 커트보를 제대로 안 해서 그런 거잖아요. 이럴 때 태도가 안 좋은 디자이너들은 인턴 탓을 해요.

그럼 저는 디자이너를 혼내요. 선생님이 확인했어야 한다고요. 맞지 않아요? 의사면 환자 상태는 본인이 직접 확인하고 수술을 시작해야죠. 고객분의 상태를 최종 확인하는 건 디자이너의 몫이에요. 그래서 디자이너 책임이 가장 크고, 인턴도 그 다음으로 책임이 있죠.

그런데 여기 원장의 책임까지 들어갈 때가 있어요. 살롱의 시스템적인 문제일 때는 원장인 저도 일부 책임을 져요. 예를 들어, 파마보를 하고 시술을 해야 하는데 그날 고객이 너무 많아서 파마보 재고가 없는 바람에 수건만 깔고 하다가 염색약이 옷에 묻었다면 이건 살롱의 부주의죠. 그럴 땐 원장인 제가 50%를 책임지고, 나머지 비용은 직원들이 책임을 나눠야 한다는 것들이 있어요.

희선_ 타 살롱에 비해 클레임을 대하는 직원들 의식이 좀 다를 것 같아요. 아무래도 원장님이 책임져주는 부분이 있어서 공동체 의식이 있을 것 같아요.

미영_ 원장이라면 책임 요소를 명확히 따져주는 게 매우 중요하다고 생각해요. 이게 너의 책임이고, 이건 나의 책임이고, 이건 공동 책임이라는 부분들을 알려주는 거죠.

희선_ 원장님에 대한 직원들의 신뢰가 크겠어요. 다른 곳이 어떤지 직원들도 다 듣기 때문에 원장님의 이런 규칙이 감사하다는 걸 알 거예요.

미영_ 또 한 가지 원칙이 있다면, 저는 샴푸실에서 쓰는 모든 제품은 절대 저렴한 걸 쓰지 않아요. 우리 살롱에서 점판하는 좋은 샴푸와 트리트먼트를 샴푸대에 진열해두고 사용하도록 해요. 이건 기본이죠. 제품에서 제가 중요하게 생각하는 포인트는 피부를 보호할 수 있는 제품을 사용하자는 거예요. 샴푸하면서 우리 직원들 손이 많이 트는데 그렇게 되면 안 되죠.

영업하시는 분들이 샴푸실에서 쓸 저렴한 샴푸를 소개해줘요. 그럼 저는 직원들 보는 앞에서 "저는 그거 안 쓸 겁니다"라고 말해요. 그래야 직원들도 원장의 생각을 알게 되니까요. 뭘 중요하게 생각하는지, 어떤 제품을 선택하는지 인식하게 해주는 거예요. 이건 직원들의 프라이드와도 직접 연결되는 거라서 공개석상에서 직원들이 다 들을 수 있도록 얘기해요.

우리가 이런 제품이 괜찮다고 해서 점판대에 놓을 건데 샴푸실에 가져가서 반드시 써보라고 하죠. 본인들이 직접 써보고 피부에 문제가 생기거나(아토피성 제외) 전에 썼던 제품보다 좋지 않다는 의견이 나올 때는 교체하겠다고 말해주고 항상 체크하죠. 그런 부분에서도 제가 책임을 회피하는 일은 절대 만들지 않아요.

희선_ 마지막 말이 뭔가 의미심장한데요. 디자이너로 일했을 때 책임 안 지는 원장님을 만난 적이 있나요?

미영_ 맞아요. 양재동에서 일했을 때 딱 2개월 일하고 나온 살롱이 있었어요. 염색하러 고객이 왔는데 당시 그 매장엔 염색약이 레벨 별로 다 구비되어 있지 않았고, 게다가 밝은 염색약이 없었어요. 그래서 제가 물었죠. "밝은 염색제가 없는데 어떻게 하죠?" 그랬더니 원장님이, "7레벨 염색약에 그냥 탈색약 좀 섞으면 밝아지니까 그렇게 쓰면 되잖아"라고 해서 너무 놀랐어요.

희선_ 염색하러 갔는데 탈색제를 쓰다니 말도 안 돼요. 고객을 속이는 거잖아요.

미영_ 그런 원장님한테 "고객님 모발 손상되는 건 누가 책임지는 건가요?"라고 물었어요. 그런데 뭐라는지 아세요? "그건 네가 알아서 잘해야지" 정말 너무 충격을 받아서 그만뒀죠.

희선_ 그 원장님, 지금도 일하실까요? 설마 안 하시겠죠. 원장님은 클레임뿐만 아니라 직원들 개인 성장을 위한 전략도 만들어주실 것 같은데 어떠신가요?

미영_ 네. 사람마다 성장 속도도 다를 수밖에 없다고 생각해요. 기질이라고 하죠? 타고난 특성이요. 어릴 때 느린 사람은 어른이 돼서도 여전히 느려요. 느린 직원이 한 명 있었어요. 신기한 건, 느린 것치고는 매출이 잘 나오는 거예요. 나이는 저와 동갑이었어요. 느린 건 아마 늦게 시작한 것도 한몫할 거예요. 이 직원은 남들이 세 명 시술할 때 한 명을 해요. 그런데 세 명 하는 직원보다 매출이 잘 나와요. 천만 원 넘게 매출을 해요.

희선_ 느린데 매출이 많다고요? 그분만의 노하우가 궁금하네요.
미영_ 어느 날 제가 불러서 코칭을 해줬어요. "선생님은 내가 아무리 빨리 하라고 해도 빨라지기 어려울 것 같아요. 그렇다면 방법을 알려줄게요. 선생님은 무조건 고급화 전략으로 가세요. 고객을 받으면 다른 선생님들보다 객단가를 조금 올리고, 대신 꼼꼼하고 디테일한 상담을 해주세요." 그러고나서 그런 고객들을 배정해줘요.

희선_ 진짜 경험에서 나온 통찰이네요. 경험도 없이 원장 했다가 낭패를 보는 분들을 많이 봤거든요. 그럼 원장님은 행동이 빠르다고 하셨는데, 느린 사람을 보면 어떠세요? 직원들 입장에서는 빠른 원장님이 버거울 수도 있겠어요.
미영_ 좀 전에 말씀드린 직원은 느리다고 저한테 욕 많이 먹었어요. 저는 느린 걸 못 보는 사람이었거든요. 그런데 아무리 노력해도 고쳐질 것 같지 않은 거예요. 그렇게 욕을 먹고도 지금 근무 잘하고 있어요. 제가 안 좋은 소리도 많이 하지만 속으로는 진짜 우리 직원들 잘 되길 바라는 게 있어요. 말로만 그러는 게 아니라 끝까지 정말 잘 되길 바라는 마음이 있는데, 감사하게도 우리 직원들이 알아줘요.

희선_ 거의 환상의 조합인데요? 보이지 않는 서로의 마음을 알아주는 건 가족끼리도 어려워요. 그간 애쓰신 노력의 점들이 선으로, 면으로, 공간으로 가득 차니 알아주는 건가 봅니다.

미영_ 저는 MBTI가 완전 T예요. 직원이 아프다고 하면 "어디가 아파? 많이 아프니?" 물어봐야 하는데, "아프면 병원 가야지. 여기서 이러고 있으면 어떡해!"라는 말이 바로 나와요. 처음에는 직원들도 당황하더니 시간이 지나니까 약간 츤데레(겉으로는 엄격하지만, 속마음은 따뜻한 사람) 타입이라는 걸 알고는 마음 한가운데는 정이 많다는 걸 알더라구요.

희선_ 제가 보기에는 원장님이 일관성과 원칙을 지키는 모습에서 신뢰가 형성된 거예요. 오랜 시간 다져온 관계로 디자이너도 성장하고, 원장님도 성장하시는 것 같네요.

미영_ 그렇죠. 직원이 처음 입사하면 살롱 안에서 지켜야 할 우리만의 규칙을 정확히 알려줘요. 본인에게 억울한 규칙도 있고, 이해가 안 가는 규칙도 있겠지만 살롱 운영의 철칙이기 때문에 꼭 지켜야 한다고 말해요.

희선_ 살롱 운영의 매뉴얼이 궁금합니다. 방금 말씀하신 규칙도 그 일부겠죠. 교육적인 부분, 생활적인 부분, 또 일적인 부분 등 다양하겠죠. 사람이 바뀌어도 잘 만들어진 매뉴얼이 있다면 뿌리가 흔들리지 않을 테니까요.

미영_ 맞아요. 그래서 최대한 디테일하게 만들어요. 잘 만들어도 저 혼자서는 안 되는 일들도 생겨요. 예를 들어, 인원이 많으면 저 혼자 교육하기 벅차죠. 그럼 배분을 합니다. 디자이너가 해주는 교육, 인턴이 후배들한테 해주는 교육. 그런데 선생님들한테 무슨 요일에 어떤 교육을 하라고 정해주진 않아요. 선생님들이 직접 날짜, 매뉴얼을 정해서 교육을 해보라고 해요. 교육비는 드린다고 하구요.

희선_ 지급해 주는 교육비는 교육받는 직원들이 내는 거죠?

미영_ 직원들이 월마다 교육비를 내긴 하는데 사실 모든 교육을 받기엔 돈이 부족해요. 서울에서 받는 직급 교육도 있고, 디자이너들이 해주는 교육도 있으니 늘 부족할 수밖에 없어요. 저녁에 모든 일정을 마치고 인턴이 후배 인턴한테 샴푸 교육을 해준다 그러면 저는 그 교육비를 지급해줘요. 시간은 한 시간~한 시간 반이 넘지 않도록 정해주고요.

처음 들어오면 인턴은 교육비가 20만 원부터 시작돼요. 정말 턱없이 모자라요. 그래서 나머지는 제가 지급해줘요. 우리 살롱만의 교육비 룰이 있어요. 직급이 올라갈수록 내는 교육비가 낮아져요.

희선_ 잠깐만요. 직급이 올라갈수록 교육비가 더 드는데, 낮아진다구요? 제가 잘못 들은 거 아니죠?

미영_ 보통은 처음에 20만 원씩 내다가 연차가 올라가면 금액이 올라가고, 디자이너가 되면 교육비가 없어지죠. 그런데 우리는 인턴 6개월 차, 1년 차, 1년 반 차 이렇게 올라갈 때마다 20만 원에서 10만 원, 5만 원, 마지막엔 0원으로 교육비가 줄어들어요. 제가 더 많이 투자하는 거예요.
제가 이런 시스템을 만든 이유가 있어요. 직원들 입장에서 생각해 보니 억울할 것 같더라고요. 내가 신입들보다 여기서 몇 년이나 더 일했는데 교육비도 더 많이 내라고?

희선_ 아니, 이런 매장이 어디 있어요? 이 글을 읽고 많은 분들이 문 원장님처럼 생각하면 좋겠어요. 책 나오면 직원들이 전부 강릉으로 모이는 거 아닐까요? 그러니까 디자이너가 되기 전에 교육비가 0원이 된다는 거죠? (믿기질 않아서 자꾸 확인했다) 원장님이 지불하는 교육비가 만만치 않겠는걸요?

미영_ 당연히 투자해야 하는 돈이라고 생각해요. 시스템상 월급을 계속 높여줄 수는 없으니 디자이너 되기 전까지는 박봉이에요.

거기에 교육비까지 나가면 얼마나 힘들겠어요. 교육비라도 줄어들면 상대적으로 월급을 더 많이 받아가는 느낌이 들 거예요. 제가 직원들에게 투자를 하면, 우리 직원들은 자기가 원장님한테 투자받는 직원이라는 자부심이 생기겠죠. 직급이 높아져서 후배들 교육해주면 교육비를 받으니 추가적으로 부수입이 생겨서 좋고요.

희선_ 그렇게 많이 투자해주는 이유가 있을까요?

미영_ 직원들을 끝까지 키워주려구요. 우리 매장에서 충분히 돈을 많이 벌 수 있는 디자이너로 만들려고 투자하는 거예요.

희선_ 직원들에게서 어려웠던 시절의 문미영을 보시나 봐요. 진짜 감동입니다. 원장님의 마음이 직원들에게 선한 영향력으로 전해지고 또 그 직원들이 배운 마음도 후배들에게 내리사랑으로 전해질 거예요.

미영_ 그러면 감사하죠. 프리랜서가 되면서부터는 돈을 벌 수 있지만, 그 전에는 월급을 받잖아요. 프리랜서가 돼서 돈을 벌 수 있는 환경이 될 때까지는 제가 투자를 해주는 거예요. 사람마다의 역량도 있겠지만, 원장인 제가 환경을 어떻게 만들어주느냐에 따라 상황이 달라질 수 있다는 걸 알거든요.

희선_ 환경에 따라 달라질 수 있다는 말 너무 공감합니다. 그렇다면 환경은 어떻게 만들어주시나요? 오늘까지 인턴이었다가 내일 디자이너가 된다고 갑자기 고객이 줄을 서는 것도 아니고, 어떤 디자이너는 인턴 때보다 적은 돈을 받아 가기도 하잖아요. 직원들이 돈을 벌 수 있는 환경을 어떻게 조성하신다는 건지 아주 궁금합니다.

미영_ 월매출이 500만 원이 되기 전까지는 프리랜서로 전환시키지 않아요. 본인이 원해도요. 계속 급여제로 놔둬요. 300만 원 이상 넘어가면 일부를 퍼센트로 지급해주는 정도만 해요. 살롱은 프리랜서가 되는 순간 기본급이 사라지고 일한 만큼 가져가야 하는데, 말씀하신 대로 인턴 때보다 적은 금액을 가져갈 수도 있잖아요. 3개월간 500만 원 매출을 꾸준히 올리면 그때는 퍼센트로 받을 건지 여부를 물어요. 그런데 이 정도 매출이 나오면 제가 말하기 전에 본인이 먼저 말을 꺼내긴 하더라고요. 월급을 더 받고 싶으니까 프리랜서로 가겠다고요.
저는 500만 원을 기준으로 30퍼센트 후반대의 인센티브를 줘요. 그런데 그 달 실적이 기본급보다 낮으면 저는 기본급을 줘요. 대신 조건은 확실하게 말해주죠. "지금 500만 원을 3개월 정도 했으니 프리랜서로 넘어갈 자격은 주어졌어요. 항상 500만 원을 넘기지는 못할 거예요. 프리랜서로 일단 넘어가면 급여가 300만 원 이하로 떨어져도 그땐 내가 책임질 수 없어요. 하지만 선생님이 300만 원에서 500만 원 이상의 매출을 계속 유지해주면 선생님의 최저 급여는 내가 책임질게요." 이 말에 직원들은 매출을 더 올리고 싶은 욕심을 내죠.

희선_ 직원들을 살리는 분이시네요. 이렇게 끝까지 책임을 져주시다니.

미영_ 제가 이렇게 해줘서 직원들이 끝까지 남아 있는 것도 같아요. 제가 안타까운 건, 일부 원장님들이 직원들 퇴직금 쌓이는 게 부담스러워서 고객도 없는데 직원을 프리랜서로 전환시켜버리는 경우예요. 저는 직원들마다 각자 성장에 몇 년이 걸릴지 기본 설정을 해놔요. 그때까지는 직원이 거기 도달할 수 있게끔 환경을 무조건 만들어줘야 하는 거예요. 누구는 5년, 누구는 3년, 누구는 1년만에도 되겠다는 설정을 각자 해놔요.

새싹이라고 다 꽃을 피우고 열매를 맺진 않는다. 새싹이 혼자 커나갈 수 있을 때까지는 어느 정도 돌봄의 손길이 필요하다. 직원들도 스스로 강해지기까지 견뎌야 하는 시간이 있겠지만 그럴 때 누군가 지켜봐주고 실질적 도움을 준다면 큰 의지가 되지 않겠는가. 문원장은 직원들 각자의 역량에 맞춰 스스로 성장할 수 있을 때까지 교육과 면담과 실질적인 지원을 개인 맞춤으로 제공해서 정말로 모두가 돈을 벌 수 있는 환경을 만들어주고 있었다.

희선_ 그 과정을 거치고 남아 있는 분들이 지금의 직원들인가요?

미영_ 네. 그런데 잘하는 것 같아서 프리랜서로 전환시켰는데 매출이 갑자기 뚝 떨어질 때가 있어요. 슬럼프일 수도 있고. 그때가 제일 위험해요. 어렵게 프리랜서 디자이너가 됐는데 막막해지는 거죠. 그래서 저는 언제든지 4대 보험 가입하는 월급제로 되돌아갈 수 있는 환경도 만들어놔요. 월급제냐 프리랜서냐 언제든지 계약을 바꿔줄 수 있으니 말하라고 해요.

희선_ 실제로 되돌아간 직원도 있었나요?

미영_ 한번 프리랜서가 되면 거의 월급제로 돌아가기 싫어해요. (웃음) 프리랜서가 월급을 훨씬 더 많이 받을 수 있기 때문에 다들 돈 많이 버는 쪽을 선택한답니다.

희선_ 그럼 더 열심히 하겠네요. 굉장한 선순환인데요. 이런 선순환이 만들어지기까지 원장님이 투자를 많이 하셨겠어요.

미영_ 네. 이렇게 해주고도 배신당한 경우도 있어요. 하지만 배신하는 한두 명한테 집중할 필요는 없죠. 나를 잘 따라주고 잘하는 직원한테 집중하면 돼요. 다른 원장님들께 이건 꼭 말씀드리고 싶어요. 배신하는 직원은 있을 수 있어요. 기대보다 못 따라오거나 뒤처지는 직원도 있을 수 있고요. 그런데 그런 직원한테 집중하면 앞으로 나아갈 수가 없어요.

희선_ 직원들에게 투자하는 부분에 있어서 누군가는 '원장이 돈이 많아서 저럴 수 있다'라고 생각할 수도 있겠어요.
미영_ 아니에요. 저는 건물은 없어요. (웃음) 제가 생각하는 부의 기준은 내가 부족하지 않을 만큼만 있자예요.

희선_ 원래 멋진 분이라는 건 알고 있었지만, 오늘 인터뷰를 해보고 멋짐이 추가되었어요. 원장님은 어떤 원장이 되고 싶으셨던 건지 궁금합니다.
미영_ 누구라도 문미영 밑에서 크면 성공할 수 있다는 말을 듣고 싶었어요. 어떤 직원이든 저를 믿고 따라와준다면, 꾸준함만 갖추면 몇 년이 걸리든 반드시 성공하는 디자이너로 만들어줄 거예요.
아무리 부족해도 마침내 디자이너로 독립해서 혼자서도 잘 먹고 잘살 수 있는 능력을 가진 사람으로 만들어주는, 그걸 뒷받침해주는 원장이 되고 싶어요. 그러려면 원장이 끈기가 있어야 해요. 직원 한 명 한 명을 충분히 디자이너로 키워내기까지 기다림의 시간이 필요해요.
제가 직원들한테 항상 말하는 게 있어요. "나를 믿고 따라오다가 퇴사하면, 사적으로야 계속 만나고 조언도 해줄 수 있지만,

일에 있어서는 너에게 더 이상 집중하지 않을 거다. 내가 더 집중해야 하는 대상은 우리 매장 안에 있는 내 직원들이다."

희선_ 공사 구분이 확실하시네요. 그럼 원장님이 살롱 운영에서 가장 중요하게 생각하시는 건 뭔가요?
미영_ 앞에서도 말했는데, 저는 1등부터 꼴등까지 다 행복한 게 너무 중요해요. 열 가지가 힘들어도 그 열 가지를 다 극복할 수 있을 만큼의 행복함이 있으면 전 다 괜찮은 것 같아요. 행복한 일터의 기준이 좀 모호하긴 하지만, 사표를 내려다가도 다시 접게 되는 요인이 하나라도 있다면, 그건 행복함을 느꼈던 기억 때문 아닐까요.

희선_ '행복한 일터'는 일하는 사람이라면 누구나 바라는 바죠. 일터가 행복하다는 건 서로 간에 갈등이 없다는 건데, 서로 잘 지내는 노하우가 있을까요?
미영_ 노하우라면 제가 중재 역할을 잘해주는 것 같아요. 직원들 간에 갈등이 발생했을 때 원장이 개입해야 할 부분이 있고, 떨어져서 봐야 할 부분들이 있거든요. 그걸 제가 직감적으로 알고 케어를 잘하는 것 같아요.

희선_ 그렇게 중재하셨던 경험을 들려주실 수 있을까요?

미영_ 디자이너가 되면 프리랜서가 돼서 각자 일하는 거라 크게 갈등이 생길 일은 없어요. 이건 인턴 사이에 있었던 일인데, 선배 인턴 A와 후배 인턴 B가 있었어요. 하루는 B가 저랑 밥을 먹다가 이래요. "원장님, 제가 A 선배랑 좀 불편한 상황이 생겼어요." 그러면서 과정을 얘기하는데 이걸 A가 지나가다 우연히 듣게 된 거예요. A 입장에서는 B가 원장님한테 고자질한다고 느낄 수밖에 없겠죠.

다음 날, 이걸 알게 된 B가 저한테 와서 선배가 다 들었다며 걱정을 하는 거예요. 그래서 제가 물었어요. 나한테 말한 의도가 A를 욕한 거냐고. 그랬더니 B가, 불편한 상황을 해결하고 싶어서 원장님한테 조언을 구한 거지 욕한 게 아니라고 하길래 그럼 A한테 가서 솔직하게 말하라고 했어요. 이미 마음이 상한 A가 B한테 먼저 손을 내밀기는 힘들 거라고요. 후배지만 먼저 가서, 선배 내가 할 얘기가 있는데 혹시 시간 되면 저랑 이야기 좀 해요 말을 꺼내고 둘이 이야기를 나눠보라고 했어요. 어떤 거짓말도 섞지 말고, 모든 과정을 솔직하고 구체적으로 설명하고 선배가 우연히 듣는 바람에 좀 곤란해졌다는 얘기까지 하라고 했어요. 내가 지금까지 봐온 바로는 A도 그 말을 들으면 일정 부분 오해가 풀릴 수 있는 친구라고. 그렇게까지 하고도 오해가 풀리지 않으면 그땐 내가 개입하겠다고 했어요.

희선_ B에겐 용기가 필요한 상황이고, A는 마음이 힘든 상황인데, 그래서 잘 해결되었나요?

미영_ 만나서 얘기하고 잘 해결됐어요. 중간중간 체크하지 않고 모른 척 기다렸다가 다 해결된 것 같길래 A를 불렀죠. 그동안 이러저러한 상황이 생겼던 걸로 아는데 잘 해결됐냐고 물었더니 잘 해결됐다고 해요. 본인이 오해했던 부분도 있었다고 하고. 그래서 제가 이렇게 말해줬어요. "A가 선배잖아요. 일을 하다 보면 이런 일들이 또 생길 거예요. 선배 입장에서 먼저 손을 내밀면 후배 마음이 좀 더 편할 거예요. 물론 이번엔 B가 잘못한 부분이 있기 때문에 본인이 이야기할 시간을 달라고 말을 꺼냈겠지요. 어쩌면 선배로서 먼저, "내가 지나가다 이야기를 듣게 됐는데 나한테 솔직하게 얘기해주면 안 될까?"라고 말했다면 쉽게 해결됐을 수도 있었을 거예요. 나중에는 더 현명하게 대처할 수 있을 거예요. 난 믿어요." '너 그렇게 해야 해!'가 아니라 '할 수 있을 거야. 난 널 믿어', '너라면 잘할 수 있을 거야', '잘했어', '해결 잘했네' 이렇게 그냥 칭찬해주고 끝나는 거죠. 전 이런 중재 역할이 중요한 것 같아요.

희선_ 직원들 사이에 원장님에 대한 신뢰와 존경이 있기 때문에 가능한 중재라고 생각해요. 리더의 솔선수범 없이는 힘든 일이죠. 그래서 또 리더의 인성이 너무 중요합니다.

마지막으로 궁금한 게 있어요. 살롱에서 많은 인원들이 일하다 보면 어쩔 수 없이 순위가 매겨지죠. 살롱에이도 전체 매장에 대한 월말 리포트가 나오는 걸로 알고 있는데, 순위에 없는 직원들이 풀이 죽거나 하진 않나요?

미영_ 저는 리포트에 대해 풀어서 설명해줘요. 이걸 풀어주지 않으면 이름이 안 올라간 사람들은 올라가지 않아서, 올라가 있으면 올라간 대로 무게감 때문에 스트레스를 받을 것 같은 거예요. 그래서 한 명 한 명 피드백을 해줘요. "송 원장과 내 이름이 올라가 있는데, 보듯이 원장급들이 많이 올라가 있어요. 현장에서 일하는 원장님들이다 보니 여러분 이름이 올라가기는 쉽지 않을 거예요. 여기 이름이 없다고 해서 결코 민정(가명) 선생님이 못하는 건 아니예요. 민정 선생님은 이런 걸 잘하고 있어요. 내가 보기에 선생님은 이 정도 순위에는 있을 것 같은데 거기서부터 한 단계씩 올라갈 방법을 스스로 만들어 보면 좋을 것 같아요." 이렇게요.

희선_ 회사의 인정보다는 원장님의 인정이 더 좋을 수도 있겠는데요! 같이 일하는 원장님이 나를 인정해 주고 잘하는 부분을 알아주는 거니까요.

미영_ 또 이런 말도 해줘요. "월 리포트는 모든 살롱에이를 종합적으로 봤을 때의 순위를 알려주려고 보여주는 거지, 스트레스

주려고 보여주는 건 아니에요. 순위를 보고 분발할 수 있는 사람들은 동기부여를 받고 더 올라가면 더 좋겠어요. 아직 더 해야 한다고 느낀다면 이런 것 때문에 스트레스 받을 이유는 없어요. 한 단계씩 올라간다 해도 여전히 월말 리포트에는 없어서 얼마나 올라갔는지는 보이지 않아요. 매달 몇 퍼센트 매출이 올라갔는지, 신규 고객이 몇 명 늘었는지 매니저님 통해서 파악하면 돼요. 리포트에 발표되는 순위에 정말 들고 싶으면 세트 메뉴를 적용하는 시술을 더 분발해서 한다면 가능할 것도 같은데, 그거 한번 해볼래요?", "미경(가명) 선생님은 고객님한테 점판을 잘하니까 다음에는 점판을 조금 더 노력해 볼래요?" 이렇게 다양한 제안도 해보는 거죠.

다음에도 이름 올리는 데 실패하면 아직 더 노력해야 한다고 짚어주고, 만약 이름이 올라가는 게 목표가 아니고 스스로 발전하는 게 목표라면 순위에 연연하지 말라고 아주 디테일하게 설명을 해줘요. 순위에 올라간 사람은 그 사람대로 칭찬을 해주고요.

희선_ 디테일은 원장님을 따라갈 수가 없군요. 매뉴얼도 디테일하죠? 매뉴얼은 혼자 만드세요?

미영_ 처음에는 혼자 만들었는데 이젠 버거워서 함께 만들어요. 저희는 한 달에 한 번 전체 영업 회의와 디자이너 스터디가 있어요. 스터디는 디자이너들끼리 모여서 공부도 하고 밥도 먹으러 가고 볼링도 치러 가는 시간이에요. 필요한 매뉴얼은 그때 만들어야 한다고 말해줘요.

희선_ 디자이너 스터디 때 만들어진 매뉴얼은 어떤 거예요?
미영_ 스텝들 교육 내용을 정리하거나, 디자이너의 시그니처 메뉴를 공유해서 서로 겹치지 않게 하는 방법들을 매뉴얼화 해요.

희선_ 아마 입사 때부터 프리랜서가 될 때까지 적용해야 할 매뉴얼이 순서대로 다 있겠죠? 심지어 식사 예절에 대한 매뉴얼도 있다고 들었어요. 살롱을 처음 운영하는 분들에겐 아무리 사소한 내용도 큰 도움이 될 거예요.
미영_ 보통 한 달에 한 번 하는 영업 회의 시간에 주제를 주고 의견을 들어서 매뉴얼을 만들어요. 예를 들어, 샴푸실 정리가 더 필요하다고 생각되면 저는 이래라 저래라 지시하지 않아요. 요즘 샴푸실의 이런 부분이 조금 미흡한데 책임자인 우리 승희(가명, 인턴) 님 생각은 어떠세요? 물어봐요. 그때 승희 님이 이런 게 안 되고 저런 게 안 되고, 이런 건 잘 되는 것 같다고 말을 꺼내주면 그럼 이 자리에서 지금 그걸 어떻게 해결할 수 있을지 한번 각자 얘기해 보자고 하는 식이에요.
식사 예절에 관한 매뉴얼은 말하기 쑥스러운데, 그래도 이런 세세한 것들을 정해두지 않으면 즐거워야 할 식사 시간이 불편해질 수 있더라고요.

* 많은 인원이 겹치지 않기(최대 3명 가능, 같은 직급끼리 한꺼번에 식사 금지)
* 식사 후 다음 식사 인원이 없는 경우 반찬 뚜껑 닫아놓기
* 싱크대에서 양치 금지
* 주방에서 향수 뿌리기 금지

정말 다들 알고 있는 이야기를 굳이 적어놔요.

아무리 사소한 부분도 쌓이면 감정싸움이 된다. 생각하고 적고 매뉴얼로 만드는 데 시간이 걸려서 사람들이 못하는 거지, 모든 매장에 매뉴얼은 반드시 필요하다. 특히 새로운 직원이 들어왔을 때 매뉴얼은 빛을 발한다. 낯선 환경에 가장 빨리 익숙해지도록 돕는 도구가 바로 매뉴얼이기 때문이다. 화장품 회사인 '시세이도'에서 마사지 교육을 받을 때였다. 매뉴얼을 보고 처음에 든 생각은, 매뉴얼이 이렇게까지 세세할 필요가 있나였다. 하지만 결과적으론 매뉴얼 덕분에 하나도 놓치지 않고 잘 배울 수 있었다. 준비물 하나하나부터 준비 과정이 어찌나 자세히 나열되어 있던지 그 자료는 직원들에게도 유용했다. 예를 들어, 클렌징을 할 때 사각형 모양의 티슈를 손으로 잡는 방법부터 버리는 방법까지 다 나와 있는 식이

었다. 흔히 일본이 친절하다고 말하는데, 생각해 보면 사람이 친절하다기보다 매뉴얼이 친절해서다. 그들도 매뉴얼 대로 하다 보니 친절한 이미지가 만들어진 셈이다. 예전부터 헤어살롱의 매뉴얼이 조금 더 자세하게 만들어질 필요가 있다고 생각하고 있었기에, 문 원장의 디테일한 매뉴얼을 많은 사람들에게 알리고 싶어졌다.

희선_ 매뉴얼에 대해 더 듣고 싶어요.

미영_ 그나마 기본 시술에 대한 매뉴얼은 많은 편인데, 시술을 전달하는 과정이나 준비 과정에 대한 매뉴얼은 부족하다고 생각했어요. 요즘이야 잘하는 살롱도 많지만요. 우리 살롱의 경우에는 '영업 전 루틴/ 퇴근 루틴/ 살롱 근무 시 주의 사항/ 식사 예절/ 살롱 내 물건 및 고객용 음료 관리/ 가운, 시술보, 중화띠, 시술 트레이 정리/ 염색 사전 준비/ 펌 사전 준비/ 클리닉 사전 준비/ 샘플 증정 및 서비스케어 루틴'까지 각각의 매뉴얼을 다 만들었어요.

희선_ 오, 진짜 디테일합니다. 그중에서 '살롱 근무 시 주의 사항'은 다 알 것 같아도 막상 매뉴얼은 어떻게 만들어야 할지 난감할 거예요. 알려주시면 다른 살롱에서도 유용할 것 같아요.

미영_ 별건 없어요. 다 잘하고 있는 내용일 거예요. 저희의 '근무 시 주의 사항'은 외부 고객 대상이라기보다 직원들 간의 배려에 관한 내용이 대부분이에요.

* 인사 주고받기, 대답하기, 미소 짓기, 인턴에게 존댓말 사용하기
* 하지 말아야 할 것 – 언니오빠 호칭, 고객이 있거나 듣는 곳에서 인상 쓰기, 사적인 대화, 손톱 뜯기, 멍때리기, 큰소리, 안 돼요, 싫어요, 없어요 등 부정 언어나 제스처, 교육 후 바로 시술 투입, 고객이 없거나 적은 경우 직원룸에 들어가 있기
* 살롱에서 점판되는 제품 이외의 제품은 샴푸실에서 사용하지 않기

그리고 웃으실 수도 있는데… 개인적으로 할인해주는 경우에는 조용히 말하기도 있고요. 공식 행사와 할인 또는 프로모션은 적당히 큰소리로 말하기도 있어요. (웃음)

희선_ 말과 생각을 글로 쓰는 일은 절대 쉬운 일이 아니에요. 매뉴얼이 그런 것 같아요. 알고 있는 내용도 어디서부터 어떻게 정리해야 할지 모르겠는 거죠. '다' 해야 하는 일일 때 '뭐'부터 해야 할지 방황하는 분들에게 알려주신 예시가 큰 도움이 될 거예요. 오랜 시간 인터뷰에 응해주셔서 감사합니다.

미영_ 네 감사해요.

긴 시간 이야기를 나누면서 문 원장의 깊은 마음에 감탄이 절로 나왔다. 누구나 다 하는 거라고, 별거 없다면서 그가 툭 던지는 한 마디 한 마디에는 힘이 있었다. 그 힘이 문 원장의 마음인 것 같다. 직원들이 기대고 싶을 때 나무가 되어주고, 곤란한 일을 겪었을 때 나 대신 나서주고 싸워주는 사람. 겁 없이 미용을 시작한 직원, 아무것도 모르는 직원도 다 받아주고 하나하나 알려주고 바르게 성장시켜줄 사람. 그 사람이 바로 문 원장일 거란 생각이 들었다.

엄마의 잔소리엔 자식이 잘 되길, 아프지 않길, 행복하길 바라는 마음이 자리잡고 있다. 문 원장의 디테일한 매뉴얼이 잔소리라면 분명 문 원장과 함께하는 직원들은 1등부터 꼴등까지 행복할 것이다. 지역 탓, 크기 탓, 직원 탓, 고객 탓. 살롱이 안 되면 변명하고 탓할 게 너무 많다. 문 원장이 이끄는 '살롱에이'는 탄탄한 기술과 지식은 물론이고 디테일한 매뉴얼과 반복적인 연습으로 강릉 1위를 만들어냈다. 매장을 나서며 문미영 원장은 지금처럼 조명보다 밝은 디자이너들과 행복한 미용을 할 것만 같다.

MZ직원들이 선택한 살롱, 체계적인 교육시스템

하희선 인터뷰집

X

길건호

모어온

MZ 직원들이 선택한 살롱, 체계적인 교육시스템
– 자기만의 뚜렷한 색깔을 찾는 데 성공하다

살롱 | 모어온 본점, 강남점, 신논현점
대표 원장 | 길건호
직원 | 원장 2명 + CS팀 4명 + 디자이너 27명 + 주니어 40명

모어온

요즘 나는 오렌지색을 보면 모어온이 떠오른다. 언제부턴가 살롱계 원장들 사이에서 '문화'가 궁금한 곳으로 회자되기 시작한 곳. 모어온의 SNS에는 직원들이 즐겁게 공부하는 모습이 자주 올라온다. 일반 살롱과는 사뭇 다른 분위기다. 단기간에 3호점까지 오픈하면서 함께 일하고 싶다는 인턴과 디자이너들이 줄을 섰다. 구인난이 있는 헤어살롱 업계에선 확실히 이색적인 행보다.

사람들에게 '길건호' 이름 석자보다 '모어온' 브랜드를 더 알리고 싶다는 길건호 원장. 그가 자신 있게 내세우는 모어온의 체계적인 교육시스템이 궁금해 2023년 9월 11일 그를 만났다. 이제는 트레이드마크가 된 웨이브 장발에 편한 티셔츠를 입고 나타난 길 원장은 수줍게 웃으며 인터뷰를 하게 되어 영광이란 말부터 꺼냈다. 길 원장은 최근 헤어살롱 업계에서 가장 많은 강의 요청을 받고 있음에도 불구하고 자신은 여전히 성장의 과정중이라며 많은 분들의 관심에 몸둘 바를 몰라했다. 이런 겸손한 태도야말로 바로 그의 성

공을 견인한 가장 중요한 요인이란 생각이 들었다.

희선_ 엄청 바쁘시죠. 새벽 2시에 톡을 나눴는데 아침 7시 반에 또 미팅을 하고 있던데요! 그런 에너지는 어디서 나오는 거예요?

건호_ 갈 길이 너무 멀어서요.

희선_ 의외네요? 일이 즐겁고 좋아서라고 대답할 줄 알았는데, 생각지도 못한 대답이에요. 근데 정말 맞는 말이라 할말이 없네요. 원장님은 미용을 왜 시작하셨어요?

건호_ 처음에는 머리를 기르고 싶어서 미용을 했어요.

희선_ 이것도 의외네요. 집에서 반대는 없었나요?

건호_ 네. 제가 사춘기 때 반항을 좀 많이 했어요. 미용고 가서 미용한다고 했을 때 부모님이 제 결정을 그냥 존중해주셨어요. 부모님이 엄격하세요. 어릴 때부터 예의범절을 지키라고 하시는데 이해도 안 되고 그게 너무 싫었어요. 근데 지금은 맞다고 생각해요. 원장이 되고 어른이 되면서 부모님께 받은 그때의 교육들이 얼마나 중요한지 깨달아요. 지금은 감사해하고 있어요.

희선_ 요즘 직원들은 예의범절 같은 거 별로 중요하지 않게 생각하잖아요. 얼마 전에 모어원에서 강의했을 때 강사를 행복하게 만들어주는 직원들의 리액션이 인상적이었어요. 모어원에서는 예의범절 교육을 시키신다면서요? 어떤 방식으로 직원들에게 스며들게 하는지 궁금해요.

건호_ 엄청나게 대놓고 하지는 않지만, 같이 만들어 나가는 중이에요. 선생님들도 관계에 있어서 조급하지 않게 여유를 가지고 서로 좋은 태도로 대하고 이해하며 지내요. 하지만 어긋난 행동을 할 경우에는 명확하게 이야기해줘요. 이건 이래서 이렇고, 이런 이유가 있으니까 이렇게 해야 하는 거라며 이 부분 어떻게 생각하는지 물어봐요. (학생 때 반항한 경험이 있는 길건호 원장은 요즘 반항의 시기를 걷는 친구들의 마음을 다 이해할 수 있을 것 같다)

희선_ 본인이 선택한 미용이니 잘했을 것 같아요. 힘든 건 없었나요?

건호_ 친구를 좋아해서 학교도 친구들과 함께 몰려다녔어요. 고등학교 가서는 공부를 좀 했는데 그래도 미용사 자격증에 계속 떨어지다가 졸업 직전에 합격했어요. 대학을 갔는데 3학년 때 교수님이 추천해주셔서 서울에서 알바를 해봤어요. 그리고 졸업 전에 서울에서 취업을 했습니다. 처음엔 청담동에서 일했고, 다음엔 J헤어로 이직을 했는데 시스템적으로 운영되는 점이 저한테 잘 맞았어요. 열심히만 하면 성장할 수 있는 시스템이라고 생각했어요.

희선_ 원장님은 디자이너 때 하이퍼포머였죠? 하이퍼포머들은 식사도 거의 못 하던데. 젊고 건강할 때 잘 먹어야 오랫동안 하고 싶은 일을 하는데 저는 이런 부분이 안쓰러워요.

건호_ 네. 그때는 저뿐만 아니라 많은 분이 하이퍼포머였어요. (브랜드마다 기준이 다르긴 하지만, 브랜드가 정한 일정 매출이 수개월 평균적으로 지속되어야 하이퍼포머로 인정된다. 매출이 들쑥날쑥하면 하이퍼포머가 아니다) 그때는 배가 부르면 일이 좀 안 된다고 느꼈던 것 같아요. 그러니 밥 먹을 시간에 고객들한테 더 잘하자는 마인드로 일을 더 했죠. 밥 못 먹었다고 얘기도 안 했어요. 그럼 고객들이 힘이 없어 보인다고 생각할 텐데 전 고객들에게 그렇게 보이기도 싫었어요. 고객들이 물어보면 먹었다고 했어요. 그때는 저희 팀이 전체적으로 다 그랬던 기억이 나네요. 그때 같이 일했던 친구들은 지금 다 본점에서 일하고 있어요. (웃음) 절대 밥을 못 먹게 하고 그런 건 아니에요.

희선_ 아직도 인턴처럼 해맑으신데 벌써 미용 13년차에 접어드시는군요. 원장님은 하이퍼포머에서 왜 원장을 하려고 하셨어요?

건호_ J헤어에서 웬만한 일은 다 해보고 본사 업무만 남았을 때였어요. 근데 그 일에서는 비전을 못 느꼈던 것 같아요. 그때는 개인 커리어에서나 인생에서나 좀 더 앞으로 나아가고 싶었기 때문에 나만의 색을 담은 브랜드를 만들어 보기로 했어요. 내가 회사에서 받은 소속감을 다른 사람들한테도 줘보고 싶다? 그런 생각이 강했어요.

희선_ 진짜 멋진 말이에요. 리더뿐만 아니라 개인적으로 사람을 대할 때도 너무 중요한 마인드인 거 같아요. 내가 받은 좋은 감정을 남에게도 줘보자.

건호_ 퇴사할 때 그런 생각을 SNS에 올렸는데 지금 함께하는 점장님, 실장님이 합류해주셔서 같이 시작하게 됐어요.

희선_ 원장님과 뜻을 같이 하는 분들이 모여 모어온이 탄생했군요. 모어온이란 이름의 의미는 뭐예요?

건호_ 수진 원장이 지어준 건데, 영어로 'MORE ON'이 '~에 더하여'라는 뜻이에요. 좋은 사람과 좋은 공간, 여기에 좋은 기술을 더해 우리와 함께하는 모든 사람의 일상에 행복을 더하자는 의미예요. 결국 사람이 사람을 만나서 하는 일이 우리 일이니까요.

희선_ 벌써 3호점까지 내셨어요. 처음 오픈 때 이야기가 궁금해요. 어떤 살롱을 만들고 싶으셨을까요?

건호_ 1호점은 저까지 디자이너 여섯 명, 공고를 내서 합류한 직원들 포함해서 주니어 일곱 명, 그리고 CS팀의 허 실장님, 이렇게 총 열네 명으로 시작했어요. 그때가 2020년 코로나 때였어요. (웃음) 지금은 3호점까지 냈고 직원이 70명이에요. 함께 시작했던 분들이 각자의 역할을 잘 해내면서 매장을 하나씩 오픈하고 있어요. 본점은 수진 원장님이, 강남점은 우수 원장님이 맡아주셔서 모어온 고유의 색깔이 유지되고 있죠. 신논현점은 제가 하고 있고, 4호점은 강남일 부원장님이 원장님으로 갈 건데 잘하리라 믿어요. 저는 그냥 돕는 역할만 하고 있어요.

제가 만들고 싶은 살롱은 딱 지금 같은 느낌의 살롱이었어요. 고객들이 와보고 여기는 직원들이 정말 행복하게 일하는 공간이구나 하고 느꼈으면 했고, 고객이 와서 편안함을 느낄 수 있는 곳이었으면 했어요.

희선_ 이미 많은 고객들이 원장님의 오픈 때 의도대로 생각하고 있어요. 세 개 매장이 모두 같은 색깔을 낼 수 있는 것 역시 원장님과 비슷한 결로 일하고, 원장님을 보고 성장한 제자들이 함께여서 가능했던 거군요.

여기서 CS팀에 대한 이야기를 잠깐 해볼까요? 아침에 조찬모임도 열고 분위기가 너무 좋던데요. 우리가 흔히 말하는 점장이라고 생각하면 될까요? 모어온에서 CS팀 역할은요?

건호_ 세 개 지점에 CS 점장들이 계세요. 본점 오픈할 때부터 함께한 허 실장님이 팀장이고요. 요즘 CS팀이 없는 살롱들이 많아지던데 우리에게 CS팀 역할은 아주 크고 중요해요. 꼭 필요한 팀이에요. 살롱 내 데스크 업무, 주니어들 근태 체크, 매장의 발주까지 담당해요. 조찬모임을 통해 소통하고 팀워크를 다져요. 그분들이 제가 다 못 보는 사소하지만 중요한 일들을 봐주세요. 살롱 운영에 있어서 없어서는 안 되는 팀이고요 그래서 저는 첫 매장 때부터 CS팀을 만들었던 겁니다.

모어온의 CS팀은 높게 평가되는 부분이다. 신규 고객에게 좋은 첫 인상을 주는 것이 바로 점장의 역할이며, 살롱 전체 분위기를 좌우할 수 있는 사람도 바로 점장이다. 그들은 어쩌면 디자이너보다 고객과 더 밀접한 관계를 맺기도 하고, 매출 및 운영에도 관여한다. 살롱은 미용 기술 위주로 움직이다 보니 상대적으로 기술이 없는 점장의 위치가 애매할 수도 있다. 그럴 때 리더가 어떤 역할을 만들어주고 권위와 신뢰를 주느냐에 따라 성장의 폭이 가장 많이 달라지는 것도 점장들이다. 외국의 경우, 살롱 내 리셉셔니스트라는 파트가 있어 이들을 위한 교육 프로그램도 별도로 운영되는데 우리나라의 경우는 점장, 매니저를 위한 교육이 따로 없어 개인적으로 아쉬웠다. 살롱도 이제 역할에 따라 다양한 성장의 기회가 주어져야 한다고 생각했던 터라 나는 길 원장의 대답이 더 반가웠다.

좋은 점장이 나중에 좋은 원장이 될 수도 있지 않겠는가.

희선_ 요즘 직원 구하기 힘들다, 직원이 없다 해서 오픈을 포기하는 곳도 있던데요. 모어온은 또 확장을 하신다니 놀랍습니다. 듣기로는 직원들이 모어온에 입사하고 싶어 원장님한테 **DM**도 보낸다던데요. 왜 사람들이 모어온에서 일하고 싶어 하는 걸까요?

건호_ 저도 요즘 사람 구하기 쉽지 않다는 걸 체감해요. 감사하게도 모어온은 다른 곳보다는 괜찮은 편이지만, 예전보다 미용하겠다는 분들이 줄어든 건 맞아요. 입사하고 싶어 하는 친구들을 만나보면 항상 "교육 어떻게 해줘요?" 이 질문을 해요. SNS를 통해 우리가 교육하는 모습을 다 보고, 주니어들이 SNS로 올리는 과제도 보고, 과제의 퀄리티도 확인하면서 본인들이 한 것과 다른 느낌이라 궁금해하는 것 같아요. 과제를 일주일에 한 번씩 SNS에 올려요. 그것도 하고 블로그에도 올려야 해요. 학년이 높아질수록 게시물이 늘어나기도 해요.

희선_ 인턴 중에 연습 안 하고 싶은 사람은 지원을 안 하겠지만, 성장에 관심이 있는 분들은 계속 인스타를 보고 오겠군요. 역시 될 사람은 다르다는 걸 또 여기서 확인하게 되네요.

건호_ 우리를 오래 지켜보던 친구들이 오는 편이에요. 그래서 제일 궁금해하는 것들이 교육시스템이죠. 주니어들 입장에서 모어온은 테크닉적인 교육만 하는 게 아니라 브랜딩, 스토리텔링 교육을 같이 하다 보니까 이런 부분에 메리트를 느끼는 것 같아요.

희선_ 입사했다가 교육이 너무 타이트해서 그만둔 직원은 없나요?

건호_ 있어요! 유급돼서 나간 친구들이 있어요. 유급 제도가 있거든요. 3년 동안 두 명 있었어요. 다시 연습해서 시험을 보면 되는데… 안타깝게도 퇴사하더라고요.

희선_ 유급 제도가 있어요? 거의 학교네요. 모어온의 교육시스템에 대해 더 자세히 듣고 싶어요.

건호_ 일명 '모카데미'에는 성적표가 있어요. 모든 자료는 처음에 오픈 준비하면서 만들었고, 교육적인 부분은 강남점 우수 원장님과 같이 만들었어요. 우수 원장님은 교육적인 면에 있어서 아주 디테일하고 저보다 훨씬 나아요. 아이디어 내고 교육시스템 짜는 과정을 같이 하느라 1년간은 거의 집에 들어가질 않았던 것 같아요.

모카데미는 주니어에서 디자이너로 올라가기 위한 교육 과정인데, 수료에 총 2년 6개월이 걸려요. 한 학년 당 6개월 과정이고, 5학년까지 있어요. 학년별로 담임도 있어요. 원장님, 실장님들이죠. 기본적인 내용 외에도 한 주당 선생님들이 하는 시그니처 디자인에 대한 노하우를 배우는 시간이 있어요. 실제 살롱워크에서 필요한 스타일을 배워요.

학년마다 시험이 있는데 학교처럼 3개월 차에 중간고사, 6개월 차에 기말고사를 봐요. 학교와 기간만 다르죠. 성적은 태도 20%, 중간고사 30%, 기말고사 40%, 과제 10%, 이렇게 총 100%로 놓고, 태도는 매장에서의 태도 10%, 아카데미에서의 태도 10%로 세분화시켰고, 중간고사 기말고사는 이론과 실기를 반반씩 봐요. 80점 미만이면 유급이에요. 다 우수 원장님과 같이 만든 거고 우수 원장님이 성적표 관리를 해주세요. 점수는 학년별 담임 선생님이 해주시고요.

희선_ 와! 입이 안 다물어지네요! SNS 보고 궁금했던 것들이 이제 좀 이해가 되네요.

건호_ 그냥 2년 6개월 교육한다 그러면 밋밋하고 재미가 없어서 재미있게 참여하도록 만든 거예요. 학년별로 1주일에 한 번씩, 한 학기가 22주예요. 테크닉 16주, 브랜딩 2주, 카운슬링 2주, 시험 2주. 중간에 방학도 있고요. 선생님들이 더 늘면서 스타일 업데이트가 되는 중이에요.

희선_ SNS 스토리를 보면 매일이 교육인 것 같았는데, 학년별로 하니까 진짜로 거의 매일이 교육 맞네요.

건호_ 그렇게 보일 수 있겠지만 진짜 매일은 아니고요. 직원들 연차가 많은 날 빼고 목, 금, 월에 몰아서 해요. 특히 5학년은 선생님들의 노하우를 배우는 거예요. (교육비가 있는지 조심스럽게 물었더니, 1인당 15만 원을 내는데 강사에게 강사비로 지급이 된다고 한다) 브랜딩 교육은 아침 7시에 본점 구수진 원장이, 카운슬링 교육은 제가 해요. 테크닉 교육은 저녁에 하는데 호점이 더 늘어나면 아침 교육으로 돌려야 할 것 같아요.

살롱 내에서 이렇게 교육이 끊이지 않으니 서로 연습하고 공부할 수 있는 분위기가 조성될 것 같았다. 그냥 연습하란 말만 하고 다들 퇴근하면 놀고 싶고, 일찍 가고 싶은 게 사람 마음인지라 연습이 되지 않을 텐데, 시스템화 되어 있으니 오히려 혼자만 공부를 안 할 수도 없을 테다. 사람은 환경의 동물이다. 내가 스스로 할 힘이 없다면 환경의 힘을 빌리는 것도 좋은 방법이지 않겠는가. 모어온은 직원들이 스스로 연습하고 공부할 수 있는 환경을 성공적으로 만들었단 생각이 들었다.

희선_ 면담에 관해서도 좀 여쭤볼게요. 이른 아침에 모어온 SNS에 올라오는 디자이너 미팅 사진을 보면서 원장의 역할에 대해 다시금 생각하게 되었어요. 그렇게 한 명 한 명 다 미팅을 하시는 건가요? 혹시 인턴도 면담 대상인가요?

건호_ 인턴 미팅은 하지 않고 디자이너 미팅을 해요. 각 지점 원장님들이 디자이너 미팅을 진행하세요. 2주일 전에 원장님이 가능한 일정을 쭉 알려주고 디자이너들이 그 안에서 시간을 잡도록 해요. 아침 8시에 살롱 말고 다른 장소에서 한 시간 10분 정도 해요. 주제는 다양해요.

희선_ 미팅에도 가이드라인이 있나요?

건호_ 네. 가이드도 만들어서 큰 틀을 벗어나지 않게 하려고 해요. 저희가 만들어 놓은 디자이너 미팅 시 주의 사항이 있어요. 월 1회, 한 시간, 살롱이 아닌 다른 곳, 반드시 1:1로 한다. 디자이너에게 도움이 되겠단 생각을 꼭 하고 하라고 해요.

희선_ 이렇게 구체적인 매뉴얼로 가지고 있으면 너무 좋겠어요. 누구나 처음에는 의욕이 넘치지만 실제 매뉴얼로 만들어서 이용하시는 분들은 흔치 않아요. 열네 명이 시작하는 **1호점**부터 이런 매뉴얼을 만드셨다니 대단합니다.

건호_ 이걸 만든 이유가 있어요. 처음부터 생각하고 한 건 아니지만 제가 이렇게 해보니까 너무 좋은 거예요. 또 지점이 생기면서 다른 원장님들께도 역할을 만들어줘야 했고요. 제가 모든 걸 다 할 순 없잖아요. 원장님들께 이런 거 저런 거 해보시라고 말씀을 드렸는데 처음 해보면 사실 어떻게 해야 할지 모르잖아요. 당연하죠. 테크닉적으로는 프로지만 상담은 해본 적이 없어서 어색할 테니까요. 그래서 만들어서 줬어요.

디자이너 미팅 시 주의사항과 미팅 전까지 '원장이 먼저 알고 있어야 할 것'에는 정말 세세한 체크리스트가 적혀 있었다. 나는 이 리스트가 가장 놀라웠다. 흔히 원장과 직원의 미팅이란, 원장이 그동안 직원들에게 하고 싶은 이야기를 하는 자리라고 인지하고 있었다. 회사 생활을 오래한 나도 팀장으로서 직원들과는 함께 일하기 바빴지 일상의 이야기는 커피 마실 때 잠시 나누는 정도였다. 회사에서 1년에 두어 번 직원 평가를 지시하면 건조한 대화가 오갔다. 직원들은 얼마나 불편했을까? 자기에 대해 제대로 알지도 못하는 팀장이 업무에 대해 평가를 했을 때 어떤 가슴앓이를 했을까? 길 원장처럼 정기적으로 미팅을 하고 상사가 직원을 미리 살펴보고 미팅을 했다면 어땠을까?

모어온만의 문화를 설명하는 단어는 '한결같음, 배려, 솔선수범, 성실, 지속, 친절, 리액션, 공감, 연습, 매뉴얼, 시스템'이다. 너무 이상적인 단어들만 나열한 거 아니냐고 반문하겠지만, 팩트다. 내가 SNS에서 보고 느낀 후, 모어온에서 특강을 하면서 한 번 확인하고, 길 원장과 몇 번의 만남과 인터뷰를 통해 확신한 단어들이다.

희선_ 앞서 질문했던 미팅 때 가이드 라인에 대해 좀 더 자세히 설명해 주시겠어요? 가이드 라인 중에 미팅 전 원장이 먼저 알고 가야 할 사항 등이요.

건호_ 선생님은 어떤 성향인지, 목표의식이 강한지 약한지, 동료들과의 관계는 어떤 편인지, 고객들에게 어떻게 응대하는지, 주니어들과의 관계는 어떤지 등이 있어요. 물론 디자이너 개인 매출에 대해서도 미리 알아야 하구요.

직원에 대해 미리 알아야 할 사항과 미팅의 내용을 담은 기본틀을 만들었어요. 직원에 대해 파악해야 할 것은 1. 디자이너의 시그니처 디자인 2. 자신 있고 좋아하는 것 3. 디자이너의 고객들 4. 디자이너의 매출이 있어요.

예를 들어, 1번의 경우 디자이너는 자신만의 디자인이 있어야 해요. 만약 없다면 같이 고민해줘야 하죠. 또 현재의 콘셉트가 적절한지도 체크해줘야 해요. 스타일 콘셉트별로 고객에게 제안할 때 어떻게 카운슬링해야 하는지 모르면 알려줘야 해요. 3번의 경우는 기존 고객들의 반응, 기존 고객들이 모어온을 찾았을 때 어떤 서비스를 해줘야 하는지, 하루 최대 응대 가능 고객 수 등이에요. 만약 서포트해줄 주니어가 없다면 어떤 지원을 통해 더 많은 고객을 수용할 수 있는지 제안해주는 겁니다.

내용을 듣다 보니 매출보다 더 많이 언급되는 핵심은 바로 '관계'

였다. 혼자서는 할 수 없는 일이 미용이다. 하지만 많은 살롱에서 대부분이 핵심을 잃고 기술적인 부분에만 집중한다. 숫자는 눈에 보인다. 하지만 관계와 관계를 만드는 근본적인 원인들은 눈으로 보이지 않으니 오래 관찰해야 한다. 리더가 이런 준비를 하고 미팅을 한다면 어떤 분위기일지 눈앞에 그려지지 않는가?

희선_ 정말 디테일해요. 미팅을 통해 디자이너가 성장을 할 수밖에 없겠어요. 미팅 내용은 또 뭘까요?

건호_ 그건 예를 들어, '다음 미팅 전까지 실천해 보고 결과를 공유'하기로 했는데 결과가 좋든 나쁘든 다 괜찮아요. 다만 이유는 서로 나눠야 해요. 일할 때 불편 사항이 있다면 해결 방안을 같이 고민하고, 딱히 해결 방안이 없다면 디자이너를 이해시켜줘야 해요. 내부에서 해결할 수 없는 문제라면 외부의 어떤 도움을 받아야 할지에 대한 디자이너의 의견도 수렴해요. 디자이너별 월 목표 금액에 따라 필요한 교육과 목표 의식에 대한 이야기도 해요. 첫 목표 금액을 800~1,000만 원부터 1,000~1,500만 원, 1,500~2,000만 원으로 단계를 나눠서 이야기해요. 첫 목표 금액이 800~1,000만 원 구간의 디자이너일 때 어떤 성장 교육이 필요한지 체크하고, 한 달 고객 수를 체크하고, 고객들과 상담하는 내용 체크하고, 상담에 도움이 되는 코칭과 교정을 해줘요. 재방문하게 만들 계기를 알려주고 플랜도 짜줘요.

목표를 달성하기 위해서는 루틴이 필요한데 무엇을 할 건지, 어떻게 할 건지에 대한 이야기를 나눠보기도 합니다. 양식을 만들어줘서 하고 있어요.

희선_ 보면 볼수록 모어온은 단순 헤어살롱 같지가 않아요. 여느 기업보다 페이퍼 워크도 많고 우수해요. 어디에도 매뉴얼은 있을 수 있겠지만, 모어온은 매뉴얼도 대단한데 이걸 지속적으로 지키고 있기까지 하다는 사실에 박수를 보냅니다. 그런데 이 모든 걸 한 시간 10분 안에 하는 게 가능한가요?

건호_ 가능하면 좋은데 어렵죠. 매번 모든 내용을 다 하지는 않아요. 이야기하다 보면 조금 더 중점을 두어야 할 부분이 생기죠. 그럼 그 부분을 더 이야기해요. 그리고 저는 모든 이야기를 다 기록으로 남겨요. 면담 진행자들이 다 같이 볼 수 있는 툴도 있어요. 그 툴에 내용을 남기면 댓글도 달 수 있고 진행상황도 공유가 돼요. 제가 메모를 남겼을 때 CS팀과 원장, 점장님들이 함께 봐야 서로 어떤 도움을 줘야 할지 알게 되니까요.
지점별로 원장님들이 디자이너 면담하고, 내용을 남겨놓으면 제가 모든 지점의 상황을 보게 되죠. 면담 내용뿐 아니라 해결해야 하는 살롱의 환경 관련 문제들이나 원하는 내용도 다 적혀 있어서 바로바로 답을 해줘요.

직원들과의 긴밀한 소통, 제안을 할 땐 질문지까지 직접 만들어서 주는 세심함이 길 원장에겐 기본적으로 갖춰져 있었다. 요즘은 알아서 답을 만들어 오라고 하면 지레 포기하는 시대다. 요즘 직원들과 일하려면 길 원장처럼 먼저 방법을 알려준 다음 처음엔 모방을, 차차 응용을 하게끔 격려하는 방법이 통하지 않을까.

희선_ 모어온에서 추구하는 인재상은 무엇인가요?
건호_ 무엇보다 성실하고, 인성이 바른 사람, 밝고 친절한 사람이요. 매장의 고객을 자기 고객처럼 대하고 우리 브랜드를 사랑하는 사람이 우리의 인재상이에요.

희선_ 면접에서 인재상에 맞는 사람을 선발하는 것부터가 가장 중요하겠네요. 혹시 면접 인터뷰에 오면서 복장이 성의 없다면 (예를 들어 슬리퍼 같은 신발을 신고 온다거나 이력서를 준비 안 한다거나) 어떻게 해요?
건호_ (단호하게) 안 뽑아요. 그리고 면접에 늦어도 안 뽑아요. 절대 안 뽑는 조건이 바로 잘못된 복장과 말투예요. 표정도 중요해요. 면접 볼 때 항상 묻는 질문이 있어요. 5년 후의 모습을 상상해서 이야기해 보라고 해요. 또는 SNS에서 좋아 보여서 왔는데 막상 아니면 어떡할 건지도 물어봐요.

희선_ 들어보니 더 궁금해지네요. 모어온의 면접 질문 리스트를 다 알려주실 수 있을까요? 아마 다른 원장님들께 큰 도움이 될 거예요.

건호_ 있어요. 질문 리스트도 있고, 면접시 체크 리스트도 있어요. 체크 리스트는 사전에 이력서 및 포트폴리오 확인하기, 면접 보기 전에 라포 형성하기, 모어온의 인재상에 맞는지 확인하기, 피면접자가 편한게 느낄 수 있는 분위기 형성하기 등이 있어요.

주니어 면접 때 하는 질문 리스트는 다음과 같아요.

* 본인 소개
* 모어온에 지원한 이유
* 어떤 디자이너가 되고 싶은지
* 언제, 왜 미용을 선택했는지
* 남들이 생각하는 본인의 장단점
* 이전 살롱에서의 퇴사 이유 (이직 횟수 포함)
* (살면서, 혹시 전 살롱에서) 안 좋았던 경험, 실패의 경험 (유급 시 어떻게 할 건지)
* 거주 문제 (지방에서 올라오는 경우)
* 입사 후 본인과 모어온이 맞지 않다고 생각했을 때 어떻게 할 건지

모어온

* 1년 뒤 본인의 모습은 어떤 모습일지 상상해서 독백해 보기
* 취미
* 쉬는 동안 어떤 생활을 했는지
* 모어온에 바라는 점과 궁금한 점, 모어온이 어떤 곳이길 바라는지
* 그동안 이뤄낸 성과 중 최고의 성과, 그 성과가 왜 성공이라 생각하는지
* 롤플레잉 해보기 (두피가 아파요, 얼마예요? 왜 비싸요? 등)
* 주로 스트레스 받는 부분과 해소 방법
* 꼭 하고 싶은 말

희선_ 모어온에 들어오면 고생 시작인 건가요?

건호_ 아주 힘들긴 할 거예요. 이론 시험 있죠, 시험 준비도 해야죠, 과제도 해야죠, 메인 선생님 스타일도 익혀야 하죠. 우리만의 문화로 자리 잡은 메인 선생님 스타일 배우기를 말하는 거예요. 일주일에 한 번이요. 저는 매주 일요일 아침마다 한 시간씩 교육을 하는데, 디자이너 미팅이 있는 주 토요일 저녁에 하기도 하고, 이렇게 1주일에 한 번씩은 꼭 팀 교육을 해요. 이런 교육이 문화로 잡혀 있는데 일주일에 한 번씩 메인 선생님은 교육하고 후배들은 배워야 할 게 아주 많아요.

희선_ 조금 부정적인 질문일지 모르겠지만, 팀제로 교육하면서 불화가 있던 적은 없었을까요?

건호_ 지금까지 딱 한 번 있었어요. 주니어가 퇴사했는데 따지고 보면 어느 한쪽의 문제는 아니었다고 생각해요. 처음에 갈등이 생겼을 땐 해결이 잘 됐었어요. 선생님은 원장님하고 미팅하고, 주니어도 원장님하고 미팅해서 갈등을 잘 해결했는데 그럼에도 계속 어긋나다 보니 시너지가 안 나더라고요.

제가 진짜 중요하게 생각하는 건 디자이너, 주니어, 고객 이렇게 삼합이 잘 맞아야 한다는 거예요. 디자이너로 성공하려면 무조건 주니어의 도움이 필요하다고 생각해요. 주니어가 디자이너 선생님을 아주 좋아하고 정말 존경하고 잘 따르는 모습을 고객이 느껴야 디자이너가 성장한다고 생각해요. 디자이너를 진심으로 따르는 모습을 자연스럽게 고객이 느껴야 하는데 계속 충돌이 생기니까 결국은 주니어가 이직했죠. 이런 부분은 뭔가 시스템적으로 좀 더 보완해야 할 필요성을 느껴요.

희선_ 길 원장님은 디자이너 미팅 때 인성에 대한 이야기를 많이 하겠어요.

건호_ 저는 인성이 좋지 않은 사람은 아예 뽑지 않아요. 한번은 타 브랜드에서 매출이 높은 선생님이 모어온에 오고 싶다고 했는데 결이 다르다고 생각해서 안 받았어요. 오픈 살롱에서 그런 분들은 수치로는 띄울 수 있겠지만 전체적으로 분위기는 무너질 것 같아서요. 소통이 잘 되는 결이 맞는 사람들과 같이 있어야 우리만의 색깔을 유지할 수 있다고 생각해요.

희선 결이 맞는 사람들과의 분위기, 너무 중요하죠. 얼마 전 **SNS** 스토리에서 모어온의 아침풍경을 봤는데요, 누구 한 명이 서 있고 맞은편에서 순서대로 주니어들이 손을 앞으로 보이기도 하고 한바퀴를 돌기도 하면서 한 명씩 지나가던데, 혹시 복장 체크일까요? 개인적으로 너무 중요한 리추얼 같아서 눈여겨봤어요. 그건 뭔가요?

건호 아, 아침마다 청결 상태, 손톱, 머리, 메이크업을 항상 체크해요. 지점마다 원장님이 하거나 점장님이 하거나 CS팀에서 해요. 매일 9시 40분에 조회하고 마치고 나서 한 명씩 하는 건데 그때 그냥 도는 게 아니라, 시술 실명제에 대한 멘트나 그때그때 정하는 멘트를 말하면서 지나가는 거예요. 도는 거는 누군가 장난삼아 한 거구요.
멘트는 "안녕하세요? 희선 고객님, 오늘 시술을 도와드릴 주니어 길건호입니다." 이런 식으로 말해보는 거예요.

희선 오! 시간도 오래 걸리지 않으면서 아침에 입을 떼는 연습이자 기억도 잘 되는 좋은 방법이네요.

건호_ 멘트 하고 손톱 보여주고 통과하면 되는데, 부족한 부분이 있거나 안 되는 부분을 체크해주는 분이 말해주면 묻고 답하는 방식도 있고요. 멘트는 살롱 내 이벤트가 있거나 롤프레잉할 부분이 생겼을 때 그때그때 만들어서 해요.
예를 들어, '물 온도 체크'에 대한 멘트 연습이 필요하면 오늘은 "고객님, 물 온도 괜찮은가요? 라고 해볼게요"라고 먼저 알려주고, 지나가면서 그 멘트를 하는 거예요. 청소가 부족하면 CS 실장님이 돌면서 청소할 곳들을 체크하고 얘기하고요.

희선_ 지금 하는 모든 것들은 1호점만 있을 때부터도 하셨어요?

건호_ 네, 처음부터 지금까지 똑같이 해오고 있는 거예요.

희선_ 언젠가 소형살롱에서, 모어온 지점에서 하는 루틴은 모어온이 크고 인원이 많아서 가능하다고 한 적이 있었거든요. 단둘이 하더라도, 프로페셔널하게 하면 좋겠단 아쉬움이 들었더랬죠. 많은 원장님들이 지금은 안 하지만 인원이 많아지거나 지점을 내게 되면 하겠다고 마음 먹는 경우가 있는데 나중에 하려면 어색하고 굳이 안 해도 될 것 같은, 현실에 안주하려는 마음이 생기기 마련이죠. 혹시 조회 때는 어떤 이야기를 나누시나요?

건호_ 9시 40분이 되면 다 같이 앉아서 서로의 게시물을 보고 '좋아요'를 눌러주면서 내용을 확인한 다음, 어제 이슈가 됐던 것, 오늘 있을 일정을 공개하고 공유하는 시간을 가져요. 바빴던 날에는 바빴음에도 모두 잘 도와줘서 무사히 마무리할 수 있었다 감사함도 전하고요. 조회는 10분 정도만 하고 바로 오픈해요.

희선_ 매일 반복의 힘이 축적되는 게 보이네요! 모든 걸 공유하면 직원들 누구도 소외감 없이 소속감을 느끼며 일할 수 있겠어요. 모어온의 분위기, 운영에 대해 궁금해하는 원장님들에게, 특히 오픈을 하려는 초보 원장님들에게 처음부터 이런 건 꼭 신경 쓰라고 말씀해주실 게 있다면요? 오늘 인터뷰의 하이라이트가 될 것 같아요.

건호_ 아주 작고 사소한 부분을 신경 쓰라고 하고 싶어요. 넘겨짚어도 될 것 같은 부분을 넘겨짚지 않아야 해요. 일을 하다 보면 그런 부분들이 엄청 많아요. 저희는 처음부터 뭔가 작은 걸 정하더라도 다 매뉴얼화하고 시스템화했어요. 열네 명밖에 없더라도 우리의 룰을 이렇게 정하자고 했고, 앞으로 인원이 더 많아지면 지금 우리에게 편했던 부분들이 조금 더 불편해질 수 있다. 하지만 우리가 이런 부분들을 잘 지켜야 한다고 주문하면서 계속 추가했어요.

지금 생각해 보면 처음부터 룰을 정하는 문화를 만들지 않았다면 너무 힘들었을 거예요. 지금은 시스템화 되었지만 처음부터 저는 살롱에 관한 모든 일을 다 공유했어요. 어떤 일이 있었고, 어떻게 될 것이고, 앞으로 우리는 어떻게 할 것이라고 기대심리 도 만들어주면서 비전을 공유하고 함께 화이팅했어요. 서로 칭찬도 해주고요.

희선_ 역시 모어온, 길 원장님은 디테일의 아이콘이 맞네요. 작은 것이 지속되면 강력함이 된다는 아주 기본적이고 단순한 사실을 사람들은 잘 몰라요. 처음 오픈할 때 불안감도 없진 않으셨죠?

건호_ 지금도 여전히 불안해요. 처음엔 망하면 어떡하지? 라는 불안감이 있었고, 지금 제일 큰 불안감은 우리 모어온이 그냥 반짝이는 단순한 유행으로만 끝나면 어떡하지? 라는 거예요. 3년 안에는 브랜드로 자리를 잘 잡아야 한다고 생각하기 때문에 우리 식구들에게 이제 1년 남았다고 하면서 잘해서 브랜드로 자리 잡아야 오래 갈 수 있다고 강조해요.

저는 불안감은 항상 있어야 한다고 생각해요. 그래야 제가 긴장하고 나태해지지 않을 거니까요. 처음 모어온 할 때 아버지가 3년 안에 자리 못 잡으면 안 되는 거다, 말씀하셨어요. 이제 1년 남았으니까 열심히 해서 미용인들뿐만 아니라 고객들도 다 아는 브랜드로 만들어야 해요. 그래야 우리가 지속할 수 있는 미용을 할 수 있다고 생각하니까 불안감은 항상 있을 수밖에 없어요.

희선_ 미용계에서는 이미 모어온을 다 알죠. 제가 만나는 원장님들은 다 모어온을, 길 원장님을 궁금해해요. 3년이란 시간, 절대 짧지 않은 시간인데 잘 걸어오신 것 같아요. 앞으로도 모어온은 지금처럼 할 테니 지속 가능한 미용의 축이 될 거라 믿어요. 브랜드가 되려면 매출도 어느 정도 받쳐줘야 할 텐데요. 모어온이 직원들에게 주는 가장 큰 동기부여는 무엇일까요?

건호_ 직원들에게 제가 주는 동기부여는 본인의 성장, 개인의 성장, 즉 모어온 내에서의 개인의 성장입니다. 외부 강의나 룩북 촬영 일정이 들어오면 함께하는 팀이 있어요. 모벤져스라고 하는데, 매번 같은 사람들이 아니라 기수를 정해서 기회를 줘요. 저희는 내부에서 본인 브랜딩도 할 수 있고 성장도 가능해요. 배워가는 과정에서 본인들도 느끼겠지만 그걸 보면서 다른 선생님들도 느끼게 되죠. 나도 저렇게 멋지게 하고 싶다고요.

희선_ 살롱워크 외에 외부 활동에도 참여하려면 선생님들은 멈출 수가 없겠는데요. 선생님들 연습 정말 많이 해야겠어요. 원장님은 선생님들의 매출도 기간과 목표를 정해주시나요?

건호_ 맞아요. 선생님들 연습 엄청나게 해요. (웃음) 저는 매출 목표는 정해주지 않고 잘하고 있다고 격려하는 편이에요. 오히려 물어봐요. 얼마를 할 건지요. 그리고 목표를 달성하려면 어떻게 해야 하는지 방법을 찾으라고 해요. MCS(모어온 카운슬링 시트)라는 신규 고객 정착을 위한 구체적 액션플랜 시트를 만들어서 개인적으로 고객 응대, 재방문을 유도하는 방법을 적고 공부할 수 있게 했어요.

첫 방문을 한 고객에게 재방문을 일으키기 위해 어떤 상담을 할 건지, 어떤 체크가 필요한지, 어떤 메시지를 줄 건지, 어떤 팀워크를 보여줄 건지, 그래서 시술 때 자기소개, 시술 설명하면서 진행하고 팀원에게 공유하는 거예요.

두 번째 방문에는 신뢰를 목표로, 세 번째 방문에는 어떤 제안을 목표로, 네 번째 방문에는 어떤 플랜을 가지고 고객에게 카운슬링 할 것인지 구분해놨어요. 구글 시트로 만들어서 선생님들에게 다 줬어요. 좀 더 구체적으로 예를 들어 말씀드리면, 첫 방문 고객에게 재방문을 목표로 상담 시에는 1. 고객이 느끼는 불편한 점이나 원하는 시술을 공감하면서 경청하기 2. 경대에서 스타일 잡아보면서 상담하기 (첫 만남에서는 고객 왼쪽에서) 3. 보완해야 할 부분이라면 부정적이지 않은 단어로 예쁘게 표현하기 이렇게 있어요.

두 번째 방문일 때 신뢰를 목표로 상담 시에는 1. 기억하기 2. 첫 방문 때 말했던 불편한 점 언급해 주기 3. 이전 스몰토크 기억해서 여쭤보기 4. 이전 시술 피드백 듣기 이렇게 있고요.

세 번째 방문에서 제안을 목표로 상담 시에는 1. 고객이 불편하게 느낀 점, 2회차 때 피드백을 통해 알게 된 고객이 원하는 스타일 언급하기 2. 맞춤 솔루션을 제안하기 3. 내가 고객님을 이렇게 저렇게 관리해 드리고 싶다 어필하기 이렇게 있어요.
네 번째 방문에 이후의 플랜을 상담 시에는 1. 고객이 원하는 디자인을 위한 플랜 짜주기 2. 시술 리턴에 대한 계획으로 기대감 심어주기 이렇게 있습니다.

희선_ 정말 놀랍네요. 경력과 경험이 풍부하면 적절히 상담이 가능하지만 기술만 익혀서 디자이너가 된 분들에게 가장 어려운 부분이 바로 상담이잖아요. 무슨 말을 해야 할지, 어떤 질문을 해야 할지, 어떻게 리액션을 해야 할지 상황에 맞게 안다는 건 거의 종합예술인의 경지예요. 그냥 하라고 하면 정말 어렵게 느끼는 부분인데, 이렇게 시트로 만들어서 주고 담당 선생님이 또 코칭을 해주고 연습하고 하면 배우는 게 정말 많겠어요.
원장님의 직원 사랑, 브랜드 사랑, 매장 사랑은 제가 인정합니다. 그리고 제가 길 원장님을 특히 더 인정하는 이유가 있는데, 바로 얼마 전 SNS에 올라온 원장님의 화장실 청소하는 모습이었어요. 그날 바로 제 인스타 스토리에 올렸었죠. 아주 큰 인사이트를 얻었어요. 저는 원장님들이 솔선수범해야 직원들이 따라오고, 존경하고, 바라본다고 생각해요.
건호_ 아, 화장실 청소는 제가 전담하고 있어요. 다른 지점도 마찬가지로 원장님들이 하고요. 제가 정했어요. 그렇게 하자고요.

희선_ 그런 생각은 왜 하게 되신 거예요? 이전 살롱에서도 혹시 원장님들이 하셨을까요?

건호_ 아니오. 아버지한테 영향을 받았어요. 아버지도 저도 화장실 청소 상태를 아주 중요하게 생각해요. 그래서 저부터 화장실 청소를 시작했는데 이게 너무 괜찮은 거예요. 이제 원장들도 그냥 다 하고 있어요.

저는 살롱을 선택할 때 내부에 화장실 유무를 우선시해요. 화장실이 아무리 깨끗해도 우리 감성에 맞게끔 공사를 다시 해요. 살롱과 하나의 같은 공간으로 느껴지게끔 만들고 싶어서요. 고객 입장에서도 화장실이 깨끗하면 우리 살롱에 대한 이미지도 좋아지고, 전 이건 너무 당연한 기본이라고 생각해요. 다 알고 있는 사실이지만, 누구나 청소하기 꺼리는 공간이 화장실이라 그냥 내 일이라고 생각해서 해요.

사람들은 자기 집 화장실 청소도 잘 안 하잖아요. 그래서 그냥 제가 하는 게 낫겠다는 생각에 하는데, 아주 괜찮은 효과가 있어요. 직원들이 출근해서 제가 있는 화장실로 아침 인사를 하러 오는데 '원장이 청소하고 있는 모습'을 보는 게 이게 생각보다 좋은 영향력으로 커지는 것 같아요.

희선_ 얼마 전에는 살롱 아래층 가게 앞을 청소하시다가 직원들 카메라에 포착되었던데요, 대답이 멋졌어요. "어차피 우리 살롱에 올 고객이 지나는 길목이라 청소한 거예요"라고 하셨죠. 요즘 미팅 요청과 강의 의뢰 많이 받으시죠?

건호_ 정말 감사하게도 많은 관심을 주시고 강의 연락도 주세요. 그런데 저는 저 개인보다는 모어온이 더 유명해지길 바라요. 그래서 외부 교육 의뢰가 들어오면 저한테 들어온 것도 팀으로 가겠다고 요청을 드리고 모벤져스 팀을 꾸려서 진행해요. 기수로 계속 기회를 주고 브랜딩을 해주는 거예요. 그래야 모어온이 더 유명해지니까요. 모어온에 들어오면 개인 브랜딩이 아니라 함께하는 연대의 힘으로 브랜딩이 되는 것에 집중할 수 있어요.

저는 지금의 모어온이 더 단단해질 수 있도록 노력하는 게 우선이라고 생각해요. 전국적으로 강의 한 번 하면 돈은 벌 수 있을지 몰라도 1년 후의 살롱을 생각하면 지금은 살롱에 시간과 노력을 투자할 때라고 생각해요. 그래서 오히려 모벤져스를 만들어 직원들 성장에 힘을 쏟으려 해요.

인터뷰 질문 리스트, 디자이너 면담 내용, 원장이 사전에 알아야 할 것들, CS팀, 모카데미, 모벤져스, 협업툴 등 모어온만의 색깔을 만들어가는 문화, 시스템을 선호하는 길 원장은 부드럽고 즐거운 모어온만의 색깔을 잘 만들어냈다. 잘하는 사람들은 안에서 보면 정말 치열하고 열심히 산다. 밖에서는 즐거운 모습만 보이지만 사업의 성공은 그 속으로 뛰어들어 열정적인 치열함을 견디느냐 못

견디느냐의 차이에서 온다. 실력이 있어도 원장이라는 리더의 자리에서 역할을 못해내는 사람이 있고, 오히려 리더가 되면서 그 역할이 마치 자기 것인 양 빛나는 사람이 있다. 길 원장은 자신이 아직 부족하다고 말하지만 이미 실력뿐 아니라 리더의 역할까지도 충분히 잘해내고 있는 드문 인재라는 느낌이 강하게 들었다.

2부

마인드

태도

관계

면접 때
살롱브리핑을
먼저 하는 살롱,
탄력적 근무 조건

하희선 인터뷰집

X

문우리
W헤어앤스칼프

면접 때 살롱브리핑을 먼저 하는 살롱, 탄력적 근무 조건

– 매출보다 사랑, 성공보다 만족을
온마음으로 응원하다

살롱 | W헤어앤스칼프
원장 | 문우리
직원 | 원장 1명 + 매니저 1명 + 디자이너 4명 + 인턴 4명

W헤어앤스칼프

직원들 상황에 맞게 근무시간을 탄력적으로 조절해주는, 워라벨이 지켜지는 살롱이 있다. 요새는 서울도 직원 구하기가 어렵다는데 지역 살롱임에도 직원이 끊이지 않고, 쉬는 날에도 원장님과 밥 먹겠다고 직원들이 찾아오는 곳. 바로 문우리 원장이 운영하는 오포의 W헤어앤스칼프다. 첫 책이 나오고 원장님들의 강의 의뢰가 이어질 때, 책을 먼저 본 인턴이 요청했다며 강의를 부탁한 문원장은 뭘 해도 남과 다르게 한다는 느낌이 들어 궁금하던 차였다.

2023년 7월 21일, 2023년 11월 17일 두 번에 걸쳐 문 원장을 인터뷰했다. 문 원장은 본인의 헤어살롱이 분당, 오포 근처에서 인센티브가 가장 적을 거라고 했지만, 그런데도 한번 들어온 직원들은 이 살롱에 뼈를 묻고 만다고. SNS에는 매일같이 사랑 가득한 살롱 모습이 업로드되고 있었다. 자신감은 물론 사랑도 넘쳐 흐르는 문 원장과 그를 엄마처럼 따르는 직원들을 보며 그들이 가진 유대감의 비결이 궁금해졌다.

희선_ 미용은 어떻게 시작하셨어요?

우리_ 잘할 수 있을 것 같아서요. 자신이 있었어요. 이거라면 정말 내가 잘할 수 있겠다 싶었어요. 좋아서는 아니고요.

희선_ 해본 적도 없는 미용을 잘할 거라는 자신감도 신기하고, 실제로 지금까지 운영하는 것도 대단하네요. 그 자신감은 어디서 온 걸까요?

우리_ 이모가 미용을 했어요. 어렸을 때부터 미용실을 들락거렸죠. 중학교 때 동네 애들 머리는 제가 다 묶어줬어요. 고등학교 졸업할 때 꿈이 딱 두 개였는데, 선생님 아니면 미용사였어요. 결국 유아교육과를 택했는데 생각이랑 너무 다른 거예요. 아이들 마음을 보듬어주고 함께 즐겁게 노는 상상을 했는데 교구 만드느라 종이를 오리고 붙이는 내 모습에 현타가 오더라고요. 그러지 말고 미용을 해보잔 마음에 1학년 여름방학 때 미용실에 취업을 해버렸죠. 그 뒤로 복학도 안 하고 지금이 됐어요. 학교 공부는 한참 뒤에 다시 시작했어요.

희선_ 유치원 선생님이 꿈이었는데 결국 직원들의 선생님이 된 거네요. 꿈을 이루신 거네요.

우리_ 그런가요? 잠깐 해볼까? 했던 미용을 지금까지 하게 될 줄은 몰랐어요. 잘할 수 있다는 확신은 있었지만 정말 잘 해낼 줄은 모르는 일이었으니까요.

희선_ 자신감이 넘치셨는데, 원장님도 하이퍼포머였나요?
우리_ 서울에서 일했을 땐데 나름 잘했어요. 당시엔 하이퍼포머라는 개념은 없었고, 제 기준에 쓸 만큼 벌기도 했고 남들보다 많이 번다는 걸 알아서 괜찮았어요.

희선_ 하이퍼포머의 기준도 스스로 만드셨네요. 인터뷰를 더 해봐야 알겠지만, 뭔가 원장님답다는 생각이 들어요. 셀프 칭찬도 해가면서 잘하시다가 어떻게 서울이 아닌 오포에서 오픈하게 된 거예요?
우리_ 처음엔 서울에서 조그맣게 오픈을 했었어요. 1인숍이었는데, 금방 망했어요. (웃음)

희선_ 설마 1인숍이었냐고 물어볼 뻔했어요. 그나저나 남들보다 더 많이 벌 정도로 실력이 좋았잖아요. 그런데 망했다고요? 어쩌다가 망했는지, 아니, 그것보다 매출이 좋았는데도 굳이 1인숍을 오픈한 이유가 궁금해요.
우리_ 누구 밑에 있기 싫었던 거죠. 그냥 해보자 싶었죠. 잘할 수 있으니까요. 자신감이 장난 아니었어요. 무조건 난 잘할 수 있어! 했는데 모르는 동네에서 상권 분석도 안 하고 신호등 앞 사거리라는 자리만 보고 덜컥 계약했는데 1년도 못 하고 망했어요. 벌써 12년 전이네요. 처음부터 안 됐어요. 겁 없이 시작했다가 쫄딱 망하니까 다신 미용 안 할 거라고 친정이 있는 오포로 온 거예요. 근데 그랬던 기억은 어느새 다 잊고 어디가 좋은 자린가 보고 다녔어요. 근데 권리금만 비싸고 자리는 다 별로였는데, 태전동에 마침 마음에 드는 곳이 나온 거예요. 15평에 당시 권리금이 5천만 원이었어요. 제가 뭐에 홀렸는지 계약하고 오픈을 했어요. 그런데 여기서 대박이 난 거예요. 오픈 하자마자요.

희선_ 너무 드라마틱한데요. 1년도 못 하고 쪽박을 찬 원장님이 이번엔 대박이라니요. 무슨 일이 있었던 거예요?

우리_ 시골이었잖아요. 당시엔 나이 있는 분들이 미용실 원장을 하니까 고객들도 그 또래였던 거죠. 젊은 사람은 다른 지역으로 나가서 머리를 했고요. 그런데 그런 동네에 저처럼 젊은 사람이 미용실을 오픈한다는 것 자체가 주민들에게는 신기했었나 봐요. 제가 그때 서른 살이었거든요. 덕분에 젊은 분들이 많이 찾아주셨어요

희선_ 요즘은 어디나 젊은 원장님들이 많은데 당시엔 신기한 일이었군요. 원장님은 지금도 젊은데 옛날옛적 이야기하듯 하니까 너무 재밌어요. 그나저나 도대체 얼마나 대박이 난 거예요?

우리_ 지금은 오포에도 브랜드 살롱이 많이 들어왔지만 그땐 브랜드가 뭐예요. 나이 지긋한 분들이 하는 조그만 개인숍만 있었어요. 그래서 '젊은 원장'이라는 게 먹혔나 봐요. 간판 작업이 좀 늦어져서 오픈 당일에야 간판을 달았어요. 그런데 간판을 달자마자 고객들이 계속 들어오기 시작하는 거예요. 밖에는 줄을 서 있고요. 진짜 너무 놀랐죠. 젊은 사람부터 30, 40대까지 다양했어요.

희선_ 원장님이 오픈하기 전까지는 어디서 헤어를 하셨을까요?
우리_ 오포가 분당이랑 가까워서 다들 분당까지 가셨던 건데, 가까운 곳에 동네 미용실 같지 않은 곳이 생기니 방문해 주신 거예요. 이름도 '**미용실', '**헤어' 이런 것만 보다가 간판에 그냥 'W'만 크게 쓰여 있으니 한번 가보고 싶은 미용실이 된 거예요. 맘카페에도 거론이 많이 됐어요. 제가 10년 차쯤 됐을 때는 진짜 잘됐어요.

희선_ 직원도 많았겠어요. 그 정도로 잘 되면 원장님 혼자서는 무리였을 것 같은데요?
우리_ 15평 좁은 데서 7~8명이 근무했어요. (이게 가능한 일인가) 아주 힘들었던 기억이 나요. 금요일만 되면 녹초가 됐어요. 아침부터 저녁까지 한 자리에 서서 일하다 끝나는 거예요. 직원들 모두 밥도 못 먹고, 화장실도 못 가고 진짜 바쁘게 일했어요.

문 원장이 남다른 이유를 조금씩 알 것 같았다. 고객이 많아서 힘들다니…. 너무 오랜만에 듣는 말이라 나는 잠시 생각에 잠겼다. 아주 예전에 같은 경험을 해본 적이 있어서 추억에 잠기는 사람도 있을 테고, 미용을 오래 했지만 한번이라도 그래봤으면 좋겠다고 생각하는 사람도 있을 것이다. 하지만 시대가 달라져도 여전히 고객이 많아서 행복한 고민에 빠져 있는 사람은 있기 마련이다. 미용 경력이 총 20년이 된 문 원장은 딱 10년 전 오포에서 오픈하고나서부터는 매출도 매출이지만 행복하다, 직원들이 너무 사랑스럽다를 입에 달고 생활하고 있다.

희선_ 지금 2층으로 되어 있는 W헤어가 그때 그렇게 잘되던 1호점인가요?

우리_ 아니요. 1호점은 더 좁았어요. 좁은데 사람이 많으니까 고객들한테 너무 미안한 거예요. 도떼기시장 같았으니까요. 이대로는 안 되겠다 싶어 2년 동안 이전할 자리를 보러 다녔어요. 그러다 지금의 W헤어가 괜찮을 것 같아서 새로 오픈하고 처음엔 두 개를 다 운영했어요. 주차도 편하고 매장도 더 넓으니까 1호점에 있던 고객들이 다 여기로 오시는 거예요. 1호점 매출은 점점 줄고 2호점 매출만 올랐죠.

결국 1호점을 없애기로 했어요. 1호점 점장님께는 2호점으로 넘어오라고 말씀드렸죠. 그런데 당시 55세였던 점장님은 2호점 직원들과는 나이 차도 많이 나는데 잘할 수 있을지 모르겠다고 걱정하는 거예요. 다른 데 취업도 어려울 것 같다 해서, 그럼 1호점을 맡아서 해보는 게 어떻겠냐고, 도와주겠다고 제가 먼저 제안했어요. 그때까지 함께 열심히 일해준 게 너무 감사해서요. 매장은 아주 저렴하게 넘겼고 지금도 너무 잘하고 계세요. 참 감사한 일이죠.

희선 원장님의 마음 씀씀이가 너무 멋진데요! 마음에서 끝나는 게 아니라 행동으로 바로 옮기시는 걸 보니 진짜 이타주의 맞네요. 사람들은 말로는 이타주의를 외치지만 내 주머니를 더 두둑하게 만드는 데 집중하는데 말입니다. W헤어앤스칼프 상호명이 계속 궁금했어요. W는 어떤 뜻이죠?

우리 고객들도 다 물어봐요. 제 이름이 문우리잖아요. '우리'의 W예요. 특별한 건 없어요. (웃음) '문'의 M이 흔한 것 같아서 W를 썼는데 헤어 쪽에 W로 시작하는 체인점이 많더라고요. 고객들이 체인점인지 물어봐요. 2호점 오픈하면서 2층에 두피숍을 오픈했거든요. 그래서 W헤어에서 W헤어앤스칼프로 상호를 바꿨어요.

희선_ 현재 W헤어앤스칼프는 원장님까지 직원이 열한 명인데 매니저도 있나요?

우리_ 잠시 매니저 일을 하시는 분이 있는데 현재 시술은 하지 않지만 앞으로는 하게 될 거예요. 인턴부터 시작해서 디자이너 준비하는 중이에요. 두피숍 총괄하고 1층도 제가 없으면 모든 걸 책임지고 있어요.

희선_ 매니저가 있는 거네요.

우리_ 저에겐 매니저라기보다 뭔가 진짜 오른팔이라는 느낌이 있어요. 그 직원이 없으면 제가 힘들 것 같아요.

희선_ 매니저가 없으면 어떤 부분이 제일 힘들까요?

우리_ 일단 제 마음이 힘들어요. 제가 자리를 비웠을 때 누군가는 그 일을 맡아서 해줄 필요가 있잖아요. 저도 쉬어야 하는데, 빈자리를 채워줄 매니저가 없으면 못 쉬죠, 안 쉬죠.

희선_ 사람이 안 쉴 수는 없죠. 그런 면에서 매니저는 꼭 있어야 한다고 생각해요.

우리_ 맞아요. 예전의 저는 '내가 쉬는 날이 매장 문 닫는 날이다' 생각했어요. 진짜 제 휴무가 살롱 휴무였어요.

희선_ 마음이 불편한 이유가 뭐였을까요? 어차피 고객은 머리 하면 되고, 디자이너는 일하면 되는데.

우리_ 신기해요. 고객들 말씀이, 원장이 있는지 없는지에 따라 매장 온기가 다르대요.

희선_ 아, 어떤 느낌인지 알겠어요. 제가 살롱 교육 가면 원장님이 있느냐 없느냐에 따라 교육 분위기가 달라지거든요. 이해가 되네요.

우리_ 10년 동안 한결같이 고객들이 하는 이야기가, 여긴 분위기가 다르대요. 매장이 밝다고 하세요. 선생님들 표정도 밝고 여기 오면 너무 행복하대요. 그냥 즐겁대요. 행여 그런 분위기가 사라질까 봐 걱정했던 것 같아요.

희선_ 매장이 밝다니 최고의 칭찬이네요. 그럼 요즘도 여전히 원장님 쉬는 날이 살롱 휴무인가요?

우리_ 안 닫죠. 지금은 저 없는 날이 매출이 더 높아요.

희선_ 방금 전에 한 이야기랑 반대네요?

우리_ 완전 반대죠? 제가 얼마 전에 느꼈거든요. 제가 없을 때 더 매출이 높아요. 가끔 프로그램 접속해서 보거든요. 보다가 깜짝깜짝 놀랄 때가 있어요. 그래서 이제는 제가 쉬어도 불안하지 않아요.

희선_ 언제부터 그런 마음이 들었어요? 불안하지 않게 된 큰 이유가 있을까요?

우리_ 한 1년 정도 됐어요. 내 마음의 변화는 '직원들'이었어요.

희선_ 이전에는 원장님을 불안하게 만든 원인이 직원들이었다는 말로 들려요.

우리_ 네. 엄청났죠. 싸운다기보다 방향성이 완전히 다른 직원들 때문에요. 나는 서비스가 우선인데, 직원들은 서비스 따위는 중요치 않고 고객이 원하는 것만 해주면 된다는 사고방식인 거예요. 나는 직원들과의 관계가 우선인데, 직원들은 왜 내가 아랫사람과 관계를 형성해야 해? 내가 시키는 것만 하면 되지! 이런 직원들이 있다 보니 제가 없으면 인턴들이 너무 힘든 거예요.

희선_ 원장님이 직원들과 거의 가족처럼 지내서 늘 그랬는 줄 알았는데, 처음엔 아니었나 봐요?

우리_ 네. 처음엔 정말 힘들었어요. 저는 인턴들을 동등하게 대하고 같이 가는 편인데 급이 다르다고 생각하는 직원들은 제가 없으면 인턴들을 무시하고 하대했어요. 인턴들이 눈치를 보게 되고 분위기가 너무 안 좋았죠.

희선_ 인턴들이 많이 그만뒀겠어요. 나갈 때 이유는 말하던가요?

우리_ 정말 많이 나갔어요. 그만둘 때 누구 때문에 힘들어서 나간다고 말도 했죠. 사실 중간중간 저한테 다 얘기했어요. 그때마다 제가 "내가 미영(가명) 디자이너 당장 그만두게 할게." 그럴 수는 없잖아요. 그때는 정말, 이 직원 달래주고 저 직원 달래주고, 제가 다리 역할을 계속 했어요. 아무리 이야기해도 중간에 포기한 사람은 나갈 수밖에 없는 거예요.

희선_ 그럴 때 좋은 사람이 나가고 이상한 사람이 남으면 살롱에 안 좋을 텐데요.

우리_ 맞아요. 그래도 어쩔 수 없더라고요. 누구 한 명에게 좀 기다려 봐, 저 직원 그만두게 할게, 이렇게는 못 하겠더라고요. 그럼 누군가는 어깨가 하늘 높은 줄 모르고 올라가겠죠. 원장님은 내 편이야! 그런 경우도 겪어봤어요.

희선_ 그런 일이 있었다고요? 원장님 입장이 난처했겠어요. 무슨 사건이었나요?

우리_ 둘 다 오픈 멤버였는데, 제가 2호점 오픈하면서 B는 1호점에서, A는 2호점에서 일하라고 했어요. 그런데 B가 퇴사를 하겠다고 해서 그러라고 했어요. 한참 지나서 어느 날 B가 지금의 W헤어에서 일하고 싶다고 다시 연락이 왔어요. 자리는 없었지만 이렇게 전화해서 말하기까지 얼마나 고민을 했을까 싶어서 오라고 했어요. 그때부터 문제가 시작됐어요. 2호점에 있는 A가 다시 들어온 B를 싫어하는 거예요.

희선 왜 그랬을까요?

우리 B가 들어와서 A의 약점을 알게 됐나 봐요. A는 그런 B가 불편하니 내보내고 싶었겠죠. 저도 둘이 그러는 걸 다 알고 있었어요. 분위기는 매일 살얼음판이었죠. 그런데 A가 항상 버릇처럼 하는 말이, 자기는 어디든 6개월 이상 근무해 본 적이 없다는 거예요.

희선 네? 그런 말을 하는 저의가 뭐예요?

우리 자긴 아쉬울 거 없다는 자만이죠. 듣기 싫었죠. 어떤 원장이 저런 말을 좋아할까요? 자긴 여길 떠날 때가 됐다고 입버릇처럼 말하니 인턴들도 듣기 싫어 했어요. 반면에 B는 "원장님, 전 여기서 뼈를 묻을래요. 원장님 마인드를 배우고 싶어요"라고 해요. 이런 상황에서 둘이 싸우더니 급기야 A가 B 때문에 나가겠대요.

희선 매일 그만두겠다던 A가 나간다니 반가운 일 아닌가요?

우리_ 그렇죠. A는 맨날 나간다는 직원이었고, B는 뼈를 묻겠다는 직원이었으니까요. 홧김에 면접을 봤는데 월급도 더 준대서 가려다가 저랑 일하고 싶어서 다시 왔다고 절 붙잡고 얘기를 해요.

희선_ 한편의 드라마 같은데요. 이거 해피엔딩인가요, 또 반전이 있나요?

우리_ 둘을 불러놓고 나는 더이상 너희들의 관계를 회복시켜줄 자신이 없으니 A, 네가 나가려는 마음이 확고하면 마음먹은 대로 해라 그랬어요. 그러자 뼈를 묻겠다던 B가 갑자기 어깨에 힘이 잔뜩 들어간 거예요. 원장님이 내 편이다, 이거죠. 그때부터 전쟁 아닌 전쟁이 시작됐어요. B가 모든 직원을 다 자기 맘대로 하려고 했어요.

희선_ 반전이 있었네요. 천사 같은 얼굴로 뼈를 묻겠다더니 다른 뜻을 품었다. 원장님은 어떻게 하셨을까요?

우리_ 사실은 원래 그랬던 사람인데, 제가 속은 거죠. 전 직원이 다 힘들어 했어요. 매출도 안 좋고, 태도도 안 좋고, 직원들 말로는 원장님 있을 때랑 없을 때가 너무 다르대요. 제가 있을 때는 저한테 달라붙어서 엄청 착하게 구는데, 제가 없으면 직원들을 막 대한대요. 직원들의 불만이 점점 높아져서 결국 면담을 했어요. 모든 사람이 너 때문에 힘들다는데 어떻게 생각하냐고 했더니, 본인이 감수하겠대요. 아니, 너도 지금 왕따 아닌 왕따를 당하고 있지 않냐, 어떻게 생각하냐고 물었어요. 그럼 보통은 나가겠다고 하는데 B는 아닌 거예요. 왕따라도 원장인 저 하나만 보고 견뎌보겠대요. 제가 본인을 믿어줘서 A가 나간 일이 있어서 그거 믿고 버티는 거예요. 저도 더이상은 안 되겠더라고요. 한동안 B에게 정을 안 줬어요. 냉정하게 대했죠. 결국 B도 못 버티고 나갔어요. 드라마는 그렇게 끝났어요.

한번 세게 겪고 나니까 앞으로는 누구 편을 들어주면 안 되는구나, 나가겠다면 아무리 좋은 사람이든 나쁜 사람이든 그냥 보내줘야겠단 생각이 들었어요.

얼마 전에 곰곰이 생각을 해보니, 좋은 감정으로 퇴사한 직원이 별로 없어요. 아예 없지는 않지만, 다시는 안 볼 것처럼 나가는 사람이 많더라는 거죠. 어차피 나갈 사람한테 안 좋게 할 것도 없다 싶다가도, 납득하기 어려운 이유를 말하고 나가면 안 좋은 감정이 생길 수밖에 없어요. 내가 이상한 사람인가 하는 생각도 해요.

희선 그런 자책이 어딨어요? 원장님은 충분히 잘해오셨어요. 사람은 이기적이고 주관적이죠. 특히 관계에서는 각자의 입장이 있을 뿐이에요. 마음이 너무 힘드셨겠어요.

우리_ 얼마 전에 오픈 멤버 현수(가명) 선생님은 가업을 잇겠다고 나갔어요. 기분 좋게 보내드렸죠. 반대로 예지(가명) 디자이너의 경우는 다른 직원들 설득해 가며 도와가며 디자이너 만들어줬는데 하루아침에 태도를 바꾸고 나갔어요. 저도 사람인지라 화가 나더라고요. 이러면 안 되지 해요. 나간 사람은 그걸로 끝이다, 너무 안 좋게 생각하지 말자 싶어서 관계 회복을 해야겠다는 생각이 들더라고요. 연락이 오면 좋게 받아주기도 하고요. 여전히 회복이 안 되는 몇 명은 있지만요.

나도 비슷한 이야기를 들은 적이 있다. 디자이너가 고객에게만 잘하고 인턴에겐 막 대하는데 매출은 높은 경우, 인턴 입장에서는 배려와 공감을 배우기보다 나도 디자이너가 되면 저렇게 행동해야 하나 의구심이 든다는 것이다. 착하면 성공하지 못한다는 공식처럼. 나는 이걸 '덕분에'가 아니라 '그런데도'라고 부른다. 즉, 주위의 도움 '덕분에' 성공했다가 아니라 못되게 굴었지만 '그런데도' 매출이 높다. 하지만 '그런데도'의 마지막은 결코 해피엔딩이 아니다. 시작은 좋을지 모르나 끝은 초라하기 그지없다. 그리고 선택은 늘 그렇듯, 자신의 몫이다.

희선_ 고객들이나 미용인들에게 진짜와 가짜를 구별할 현명함이 필요해 보여요.

우리_ 그런 건 직원들에게도 전염이 돼요. 제가 지금까지 '퇴사시킨' 직원이 몇 안 되는데, 그중에 한 명이 그랬어요. 고객들하고 싸워서 꼭 이기려들어요. 고객은 이기는 상대가 아니라고 저는 생각하는데 말이에요. 왜 자꾸 고객하고 싸우려드냐고 물었더니 이전에 근무했던 살롱 원장님이 그렇게 하라고 했다는 겁니다. 싸워서 이겨야 한다고요. 그건 우리 살롱의 스타일은 아니라고 알려줬어요. 그런데 본인은 그렇게 하겠다는 거예요. (이렇게 우직한 직원을 봤나!) 고객이 이기면 그걸 경험한 고객은 계속 직원을 무시하게 된다는 거예요. 자긴 무시당하기 싫으니 싸워서 이기겠대요. 아, 이걸 다 원장한테 배우는구나 싶더라고요.

희선_ 그러니까 좋은 생각과 행동을 하는, 존경받을 만한 원장님이 되는 것이 가장 중요한 숙제 같아요. 요즘 원장님의 SNS를 보면 직원들을 예뻐하고 함께 지내며 행복한 모습을 많이 올리시던데 그 사랑스러운 이야기가 궁금해요.
원장님이 오포에서 처음 시작했을 때는 젊은 디자이너도 함께 일했는데 10년이 지난 지금 이 큰 매장 10명의 인원 구하는데 힘들지 않으셨어요?

우리_ 이렇게 말하면 좀 잘난 척 같겠지만 인원 수급에 어려움은 없어요. 저는 기술보다 직원들끼리의 관계와 교육을 제일 중요하게 생각해요. 사실 헤어살롱 대부분이 비슷하다고 봐요. 디자이너 이전이라면, 일하는 것도 급여도 비슷해요. 그렇다면 직원들이 여기 남아야 할 이유가 뭘까, 직원들이 여기서 계속 버틸 수 있는 원동력은 뭘까 많이 연구해요. 교육도 진짜 많이 하고, 면접도 굉장히 오래 봐요. 최대 한 시간 반까지 보는 것 같아요.

희선_ 면접을 한 시간 반이나 본다고요? 어떤 걸 물어보고, 어떤 게 알고 싶으신 거예요? 면접 볼 때 가장 중요한 게 뭘까요?

우리_ 이 사람 저 사람 하도 많이 봤더니 입구 들어올 때부터 뭔가 느낌이 와요. 그 느낌을 꼭 기억해둡니다. 그리고 저는 직원들도 카운터에 나와서 면접자를 다 보도록 해요. 채용할지 말지 저 혼자 결정하지 않아요. 모든 직원들한테 첫인상이 어땠는지 물어봐요. 그래야 채용을 해도 모두가 같이 선택한 사람이니까 잘 지내게 되더라고요.

희선_ 정말 좋은 방법이에요. 각자의 의견이 반영되니 책임감도 더 생기겠어요. 주인의식은 아주 사소한 부분에서 만들어지거든요. 면접자는 처음에 직원들 앞에서 상견례를 하는 거네요. 직원들은 첫인상을 보고 흩어지고 그후 원장님은 한 시간 이상 면접을 보는 거군요.

우리_ 2층에 올라가서 면접을 봐요. 제일 첫 질문이 "이력서는 가지고 왔나요"입니다. 안 가져왔다, 그럼 아웃이에요. 왜냐하면 저는 준비를 했거든요. 제가 먼저 모니터에 우리 살롱 소개 PPT 15장을 띄웁니다.

희선_ 네? 그 내용도 공개가 가능할까요? 면접 보러 가는 회사에 대한 공부는 면접자의 일이라고 생각했는데, 면접 볼 때 알려주시면 입사를 결정하는 데 큰 도움이 되겠어요. 면접을 많이 봤지만, 말로 설명하는 곳은 있었어도 **PPT**로 준비하는 곳은 기억에 없어요.

우리_ 우리가 제공하는 약속/ 브랜드 슬로건/ 파트너 직급별 업무/ 직급에 따라 받아야 하는 교육/ 관리자 직급별 업무/ 인센티브 제도/ 직원 혜택/ 근속자 혜택/ 직원 간의 관계 형성 방법/ 우리가 함께 정해놓은 근무 원칙/ 서비스 원칙/ 마지막으로 회의 때마다 반복적으로 나오는 건의 사항을 다 정리한 내용이에요. 이걸 쭉 브리핑을 해줘요. 시간이 걸리긴 하지만 면접을 보러 온 분에게 우리를 소개해야 한다고 생각해요. 다 보고 궁금한 점 물어보라고 하면 너무 자세히 알려줘서 궁금한 건 없대요.

희선_ 저라도 이 정도로 살롱 소개를 들으면 '여긴 다르다'는 첫인상을 갖게 될 거예요. 설사 말한 대로 다 되지 않더라도 아무것도 말하지 않는 곳보다 신뢰가 생기겠죠. 입사 전에 자신을 이렇게 다 보여주는 곳은 어디도 없어요. 있어도 아주 드물 거예요. 그리고 외부에서 W헤어를 봤을 때 대단한 호기심이 생기겠어요. 그럼 원장님은 면접 때 어떤 걸 물어보세요?
우리_ 가장 먼저 물어보는 건, 본인의 '성향'이요. 개인주의적 성향을 가졌는지 외향적인지 뭐 그런 것들이요. 요즘 디자이너 중에 본인 고객하고만 이야기하고, 계산 끝나고 고객 가면 테이블에 앉아서 핸드폰 하는 디자이너들 많아요.

희선_ 너무 흔한 풍경이죠. 교육 때도 늘 말하는데, 헤어살롱은 밖에서 내부가 보이잖아요. 사람들이 지나가면서 보게 되는 모습에도 신경을 써야 해요. 들어가고 싶은 분위기 연출(?)이 너무 중요하죠.
우리_ 핸드폰을 하거나 책을 읽는 개인 활동이 사실 우리 매장에선 안 되는 상황이에요. 무슨 말이냐면, 우린 다 같이 놀아야 해서 그렇게 내버려두지 못해요. 고객이 없으면 같이 모여서 놀아요. 먹을 게 있으면 입에 넣어주고 같이 먹는 분위기예요. 왜 좋아하면 서로 먹여주고 그러잖아요. 그런데 혼자가 좋다, 말 걸지 않았으면 좋겠다 하는 분들은 사실 같이 일하기 힘들어요.

희선_ 살롱마다 추구하는 분위기가 다르니까요. 내가 일할 살롱의 분위기에 같이 스며들지 못하면 일하는 게 어렵죠.
우리_ 서로 나눠 먹고 함께하는 분위기의 살롱인데, 새로 입사한 사람이 "저는 안 먹을래요", "저는 괜찮아요"라고 말하면 서로 불편해지죠. 그래서 면접 때 미리 알려주고 이런 분위기에 합류할 수 있을지 알아봐요.

희선_ 갑자기 궁금해졌어요. 누가 입사하고 싶은 마음에 "저 그런 거 좋아합니다" 해서 합격시켰는데 막상 일해보니 아니라서 분위기를 망치는 경우도 있지 않을까요?

우리_ 아, 그건 걱정 안 하셔도 됩니다. 우리 살롱에 입사하면 그런 사람이 되도록 만듭니다. (웃음) 요즘 친구들은 할 말 다 하는 거 아시잖아요. 힘들면 힘들다고 얘기하더라고요. 솔직한 게 좋아요. 아, 그리고 저는 면접자가 고객하고 싸우는지 안 싸우는지도 꼭 물어봐요.

희선_ 아, 아까 말씀하신 직원분 때문인가요? 요즘 비슷한 고민을 하는 원장님들 많으세요.

우리_ 네, 의외로 싸우는 직원 많아요. 그래서 제가 정해둔 두 가지 원칙을 면접에서 꼭 말해요. 우리 살롱은 같이 화합하고 즐기면서 지내는 분위기가 중요하다, 그리고 고객과는 싸우지 않아야 한다.

희선_ 고객이 너무 말도 안 되는 요구를 하면 사실 감정적으로 아주 힘들 거예요. 그래도 싸우는 건 마이너스 효과 같아요. 원장님이 싸우지 말아야 한다고 생각하시는 이유는 뭘까요?

우리_ 내가 1인숍이고 고객과 나만 있는 일대일 상황에서 고객이 무례하게 행동하면 저도 직원들에게 당하지 말라고 해요. 말도 안 되는 상황인데 그냥 당하면 그런 고객은 다른 곳에서도 똑같이 무례할 테니까요. (싸움을 부추기는 것도 아니고 꼭 이겨야 한다도 아니다) 직원에게 고객과 싸우지 말라는 건, 많은 사람이 보고 있는 장소에서 싸울 때 문제가 되기 때문이에요. 그럼 직원이 아무리 잘했어도 다른 고객은 디자이너가 불친절하다고 생각할 거예요. 그냥 좀 넘어가지! 이렇게 이야기할지도 몰라요. 반면 고객이 진상을 피우는데 오히려 죄송하다면서 "고객님, 어떻게 해드릴까요?" 공감하고 노력하는 모습을 보이면 고객들이 디자이너가 억울하겠다고 생각하며 안타까워하는 분위기가 만들어져요. 고객들도 다 알죠. 그냥 고객들은 옆에서 싸우는 상황이나 분위기가 싫은 거예요.

디자이너에겐 말해줘요. 미용이 주관적인 작업이라 어쩔 수 없다. 전 국민이 다 예쁘다고 해도 본인 마음에 안 들면 우리가 잘못한 거다. 그걸 인정해야 한다고요. "예쁜데 왜 그래요?", "너무 잘 어울리는데 왜요?" 이런 사람들이 있어요. 그래서 면접 때 클레임 처리 방법도 미리 물어봐요. 그럼 어떤 사람은 "맞아요, 고객은 절대 못 이기는 것 같아요"라고 하는 반면, "그런 것까지 제가 해야 하나요?"라고 반문하는 사람도 있어요.

희선_ 그렇다면 면접 때 관계와 태도를 정말 중요하게 볼 것 같아요. 혹시 매출 관련해서도 물어보세요? 아니면 면접자가 본인의 매출을 공개하고 어필하는 경우가 있을까요?

우리_ 매출은 관심 없고요. 아까 이력서를 가져왔는지 확인한다고 했지만, 사실 이력서의 내용도 중요하지 않아요. 보지도 않아요. 갖고 왔는지 아닌지, 그 자세의 차이일 뿐이에요. 이력서 내용도 안 믿어요. 어디서 몇 년을 했는지 중요하지 않아요. 처음 출근해서 하는 거 보면 다 나오거든요. 그래서 기술적인 부분은 전혀 안 묻고요, 제가 가장 중시하는 매장 분위기를 따라올 수 있는지 없는지만 봐요.

희선_ 기술적으로 부족하면 원장님이 알려줄 자신이 있어서인가요?

우리_ 아뇨, 저는 기다려줘요. 지금 선생님들도 다 그렇게 성장했어요. 디자이너로서 제가 추구하는 스타일은 깔끔한데 감성적인 부분이 더해지는 거예요. 머리를 끝냈는데 제가 봤을 때 오늘 머리 해야 할 사람 같은데? 그런 상태로 나가는 고객도 있어요. 그래도 저는 그냥 기다려줘요.

희선_ 지적하지 않아요? 외부 교육도 하시는 분이 이런 부분을 그냥 둔다고요?

우리_ 네. 안 해요. 저한테 어떻게 해야 하는지 물어보면 모든 걸 알려주긴 하지만요. 기술은 시간이 지나면 점점 좋아지니 믿고 기다려준다고 해요. 면접 볼 때도 그렇게 얘기해요. 기술이 부족한 건 전혀 문제가 되지 않는다. 근데 자세가 아주 중요하다. 내가 생각하는 만큼 고객과의 관계 형성을 못하면 그때는 같이 일을 못 한다라고요.

희선_ 기술이 조금 부족했던 분들 원장님이 기다려줘서 지금 잘 하고 있고, 매출도 잘하게 되고 그런 거죠?

우리_ 그럼요. 면접 때 솔직히 인센티브 제일 먼저 물어보잖아요. 그 다음으로 정착지원금 얼마냐고 물어보고. 지금까지 저희 매장에서 정착지원금을 받아간 선생님이 한 명도 없어요. 입사하고는 다 정착 지원금보다 매출이 잘 나와서 의미가 없었어요.

희선_ 아무리 경력자도 처음엔 고정 고객이 없으니까, 매출이 없지 않아요?

우리_ 정착지원금을 정하는 주죠. 250만 원씩 3개월을 줘요. 근데 다 그것보다 많이 받아갔는데요?

희선_ 고객이 그만큼 많다는 이야기인 거죠?

우리_ 기존 선생님들도 많이 도와주려고 하고, 초반에 잘 정착할 수 있게끔 순번도 많이 주려고 해요. 아마 광주에서 우리 살롱이 인센티브 제일 적을 거예요. 33% 주거든요.

희선_ 제일 적다고요? 다들 잘 벌어서 제일 많이 주는 줄 알았어요.

우리_ 제일 적게 줄 거예요. 보통 40% 주더라고요.

희선_ 맞아요. 직원 구하기가 힘들어지면 인센티브를 올리니까 **40% 이상인 곳이 많아요.** 고객이 있으면 **33%**를 줘도 직원들이 많이 받아 가게끔 해줄 수 있는 거고요.

우리_ 그래서 제가 물어봐요. 인센티브 50%, 60% 받아도 실수령액이 중요한 게 아닐까요? 50%라고 했는데 실수령액이 300만 원인 경우와 우린 30% 주지만 실수령액이 500만 원이라면 어느 쪽을 선택하겠냐고요. 저는 자신 있거든요. 우리 살롱에선 인센티브가 의미 없다는 걸 저는 알죠. 직원들이 다 서포트해 주잖아요. 디자이너마다 인턴이 한 명씩 다 배정되는 메인제고, 팀장님은 메인 인턴이 두 명이에요. 그 정도로 제가 다 서포트해 주니까 매출은 자신 있어요.

희선_ 인턴 메인제라고 하셨는데, 고객은 몰릴 때도 있고 안 그럴 때도 있을 것 같은데, 바쁠 땐 다른 인턴이 도와주고 그러죠?

우리_ 그럼요. 시술에 필요한 인턴들이 서브볼 수 있도록 이야기가 다 되어 있어요. 알아서 잘 움직여주고 있어요. 메인이면서도 프리의 느낌인, 서로 눈치 빠르게 도와주는 거예요. 다 매장을 먼저 생각하는 마음이죠. (이 얼마나 이상적이란 말인가!) 우리의 목표는 고객이 짧은 시간 안에 빠르고 편하게 시술을 받을 수 있게 하는 거예요. 고객을 가만히 앉혀 놓으면 안 돼요. 메인 인턴은 선생님과 휴무일도 맞춰서 같이 쉬어요.

희선_ 들으면서도 궁금증이 가시질 않아요. 여긴 인센티브도 적은데, 직원 수급엔 문제가 없다고 하신 부분이요. 어떤 매력으로 직원들이 W헤어를 선택하는 걸까요?

우리_ 면접이 차지하는 부분이 큰 것 같아요. 면접 볼 때 여기서 일하면 성장할 수 있다는 걸 느끼도록 계속 어필해요. 여기 선택 안 하면 100% 후회할 거야. 이런 느낌이요. (웃음)

희선_ 그 자신감은 어디서 나오는 거예요?

우리_ 지금 있는 직원들의 성장을 보면서요. 그들의 만족감을 보며 확신해요. 우리 직원들 정말 열심히 해요. 카운터에 앉아서 직원들을 보는데, 밥도 못 먹고 막 뛰어다녀요. 나도 저 나이 때 저렇게 열심히 했나? 난 안 그랬던 것 같은데. 직원들은 원장도 아니면서 왜 저렇게 열심히 하지? 이런 생각 되게 많이 해요. 그러니까 너무 예쁜 거예요. 고맙고요. 쉬는 날에도 밥 한 끼는 살롱에 와서 먹겠다며 오는 직원도 있고, 면접 있는 날은 휴무여도 그 시간에 맞춰서 와요. 자기가 꼭 봐야 한다면서요. "원장님 몇 시에 면접 볼 거예요?" 시간을 알려주면 "나 그때 내려와야지" 그렇게 와서 보고 가요. 우리 살롱에 처음 입사하는 사람 입장에서는 이상하다 생각할 수도 있겠어요. 내가 여기 어울릴 수 있을까? 그런 생각을 할지도 몰라요. 근데 신기하게도 일주일도 안 걸려서 금방 스며들고 익숙해지더라고요.

희선_ 제 기억으로는 원장님이 타 살롱에 고객으로 다녀오신 이후, 우리 직원들은 너무 잘하고 있었다며 SNS에 폭풍 칭찬이 시작되었던 것 같아요. 그때부터 눈에 하트가 더 많아졌고요.

우리_ 맞아요, 그때 제가 마음이 좀 어지러웠어요. 왜 그럴 때 있잖아요. 익숙해져버린 나머지 좀 부족한 것 같고 못 하는 것 같고. 다른 살롱을 다녀와 보니 우리 직원들이 얼마나 잘하고 있는지 새삼 깨닫고 직원들에게 미안함과 고마움이 커졌어요. 직원들이 매일 너무 예뻐요. 저는 직원을 뽑을 때 경력직만 뽑아요.

희선_ 왜요? 미용계를 모르는 사람이 어우러지기 더 쉽지 않나요. 다른 살롱에서 경험한 게 있으면 자기만의 색이 강할 텐데요.

우리_ 경력이 없으면 우리 살롱이 얼마나 좋은지 몰라요. 원래 다 이런 줄 알아요. 산전수전 다 겪은 직원들은 여기가 너무 편안하고 좋다는 것을 알아요. 다른 곳과 차별화시키려고 엄청 노력하는데 다른 걸 몰라주면 기존에 있는 우리 선생님들이 억울하죠.

희선_ 아, 그런 의미로 미경력자는 선호하지 않는군요. 이 글을 미경력자가 읽으면 아쉬울 것 같아요. 다들 W헤어처럼 행복한 일터라면 좋을 텐데요. 아까 면접자에게 어필을 많이 한다고 하셨잖아요. 그런데 지원자가 없으면 어필조차 어렵죠. 최근에 직원을 더 뽑았나요?

우리_ 감사하게도 지원자가 정말 많은 편이에요. (2023년 11월 인터뷰) 규모가 좀 있어서 그런지 사람들이 많이 알고, 인원 모집공고가 올라가면 지원도 많이 해요. 얼마 전에도 3명 뽑았어요. 인턴 3명이 디자이너로 승급할 시간이 되었어요. 후배 인턴이 생겨야 이 친구들도 원동력이 생기죠. 디자이너로 올라갈 준비를 하면서 성장하는 모습을 후배들이 보고 배우는 거예요. 그런 기대도 없이 언제까지 샴푸만 하고, 머리카락만 쓸겠어요.

당장은 경제적으로 마이너스지만 이런 준비가 필요해요. 또 지금은 좋은 관계를 유지하고 있지만 우리가 언제까지고 함께한다는 보장은 없어요. 인턴이 그만둔다고 매출에 큰 영향은 없지만 디자이너 한 명이 나가면 영향을 받겠죠. 그런 상황에도 타격을 받지 않게 인턴을 성장시켜야겠다는 생각에 미리 뽑는 거예요. 승급될 인턴들이 너무 좋아해요. 밑에 후배들 들어왔죠, 본인들 디자이너 될 거죠. 그때는 제가 100% 다 교육해 주거든요. 그러니까 좋아해요.

희선_ 몇 달 전까지도 지금보다 인원이 적었던 걸로 기억해요. 인원이 다 찼는데도 지원자가 계속 들어오고 있어서 행복한 고민 중이시라니 보기 좋네요. 차 없이는 출근하기도 힘든 곳인데 말이에요.
우리_ 안 그래도 다른 원장님들이 많이 물어보세요. 직원수급에 대해. 그런데 생각해 보세요. 지원자들도 면접 오기 전에 얼마나 많이 서치를 해보겠어요. 거의 50% 이상은 인스타 보고 와요.

희선_ 맞아요. 지원자가 많은 살롱의 공통점은 분위기가 좋다는 거예요. SNS상에 그게 다 보여요. 누구는 가식이라고 하겠지만 직접 가보면 정말 달라요. 표정에 다 나오는 걸요. 면접 오는 분들이 인스타에서 어떤 걸 가장 많이 본다고 해요?
우리_ 우리가 노는 게 너무 재밌어 보인대요. 웃기고 재밌고 행복해 보인대요. 면접 와서는 그걸 보고 지원했다고 말해줍니다.

희선_ 인스타 안 하시는 원장님들께 어떤 이야기를 해주고 싶으세요?

우리_ 사실 아무 노력도 하지 않으면서 직원들이 오기만 바라는 건 말이 안 돼요. 그런 원장님께 직원을 뽑기 위해 어떤 노력을 했는지 물어보면, 그냥 구인 공고를 냈대요. 이건 좀 아니다 싶어요. 인스타를 보면 게시물 세 개에 스토리도 안 올리고, 네이버엔 아무것도 없어요. 살롱 분위기가 어떤지 알 수도 없고, 월급을 많이 주는 것도 아닌데 직원들이 연락할 리가 없죠. 내가 성장할 길이 보이지 않으니까 직원들이 선호하지 않는 거예요. 인턴들이 많은 곳을 보면 원장님들이 SNS 다 열심히 잘하고 계세요.

희선_ 맞아요. 특히 MZ들은 즐거워야 일해요. 제가 만난 잘 나가는 원장님들은 문 원장님 말씀대로 하고 계시죠.

우리_ 요즘 헤어숍이 넘쳐요. 직원들은 선택의 폭이 넓죠. 직원을 구하지 않는 데가 없어요. (맞다. 직원이 없어서 문을 닫아야 하는 곳들이 있을 뿐이다) 면접은 우리가 보는 게 아니라 직원들이 헤어살롱을 면접 보러 다니는 거라고. 그러면 우리 쪽에서 더 많이 준비해야죠. 아까 브리핑 자료도 그래서 다 준비한 거예요. 원래는 직원들에게 제 마인드를 알려주려고 만든 건데 구체적인 글로 보여주니 직원들도 좋아해요.

희선_ 직원들 입장에서도 신뢰가 더 생길 것 같네요. 내용을 더 자세히 알려주시면, 만들고 싶은데 방법을 모르는 원장님들께 도움이 될 거예요.

우리_ 살롱의 성공 여부는 직원들이 만든다고 생각해요. 첫 페이지는 제가 원장으로서 직원들에게 해줄 것, 살롱이 직원들에게 해줄 수 있는 것들을 알려줘요. 다음은 살롱의 모토를 적었어요. 쉽고, 빠르고, 정확한 성장! 제가 가지고 있는 모든 노하우를 다 알려줄 거니까 여러분은 그만큼 쉽게 성장할 수 있다는 메시지를 전달하려고요.

세 번째는 교육 시스템과 커리큘럼에 대해 말해줘요. 디자이너별 직급과 업무에 대해서도 설명하고요. 마지막으로 살롱에서 누릴 수 있는 복지를 알려줘요. W헤어에서는 지인 할인은 없고 가족 혜택이 있어요. 모든 걸 가족한테 몰아주자는 거예요. 시부모님까지요. 근속자에 대한 혜택도 있어요. 만 1년 이상 근무 시엔 두 시간 조기 퇴근권이 연 6회 제공되고, 만 3년, 5년 이상이면 해외여행도 보내줘요. 거기다 퇴직금까지 있답니다. (정말 통이 큰 원장님입니다)

직원들 간에 좋은 관계를 위한 근무 수칙이 있어요. 근태, 화합,

오너 마인드, 마인드 컨트롤입니다. 서비스 원칙으로는 기술, 공감, 보답 원칙이 있어요. 그리고 우리가 미팅 때마다 나오는 건의 사항들이 있는데 이건 꼭 지켜달라고 하죠. 20가지가 있는데 〈오픈을 위한 준비는 45분까지 완료하기〉, 〈슬리퍼 형식의 신발 금지, 복장 깔끔히〉, 〈웃으면서 근무하기〉 등 시간, 복장, 태도에 관한 사항들을 적어놨어요.

희선_ 역시 디테일이 남다릅니다. 이런 내용들이 공개되면 다른 원장님들께 공공의 적이 될까 봐 제가 더 걱정이 되네요. 아까 퇴직금도 있다고 하셨는데 좀더 말씀해주시겠어요?

우리_ 맞아요. 디자이너 퇴직금이 있다고 하면 다들 진짜냐고 되물을 정도로 생소한 제도죠. 근로계약서에 써 있냐고 묻는데, 사실 그건 아니에요. 근로계약서는 인턴들만 쓰죠. 디자이너는 프리랜서잖아요. 프리랜서인데 내가 퇴직금을 주는 것뿐이라고 설명해요. 그냥 고맙잖아요. 퇴사할 때 뭔가를 선물하고 싶고 그런 마음이에요. 그리고 요즘 젊은 직원들 목돈 모으는 거 잘 안 해요. 아니 못해요. 쉽지 않거든요. 그래서 저는 각자 통장을 만들어서 매달 퇴직금을 입금해 놓아요. 제 돈이 아니라고 생각하거든요. 그리고 수시로 직원들에게 보여줘요.

희선_ 직원들이 머무를 이유가 하나 더 추가된 거네요.

우리_ 자기 천만 원까지 모을 거라고 말하는 직원 있어요. 제가 천만 원 금방 모은다고 말해줘요.

희선_ 퇴직금이 얼만지 여쭤봐도 될까요.

우리_ 보통 3% 넣어줘요. 저희 인센티브가 33%잖아요. 근데 제가 생각하는 건 36%인 거죠. 33%는 바로 주고, 3%는 따로 적립을 해줘요. 직원들은 퇴직금의 개념 자체를 이해하지 못해요. (이런 곳이 얼마나 될까? 하지만 이건 원장님 개인 성향이고, 운영 방식의 하나임을 밝힌다)

희선_ 혹시 이걸 아는 직원이 일하는 와중에 중간 정산의 개념으로 달라고 하면요?

우리_ 어느 정도 근무했다면, 저는 달라면 줘요. (진짜 쿨내가 진동하는 원장님이다)

희선_ 퇴직금 필요 없으니 매달 36%를 달라고 하면요?

우리_ 그렇게는 안 줘요. 퇴직금은 말 그대로 장기근속으로 일한 대가라고 생각해요. 그리고 이건 순전히 제 개인 의견인데요. 헤어살롱에서 완벽히 프리랜서로 일하는 건 가능하지 않아요. 어떻게 원장의 통제를 안 받고 근무하겠어요? 말이 안 된다고 생각해요. 지금은 이렇게 좋은 마음으로 주지만 혹시라도 안 좋은 마음으로 퇴사할 수도 있잖아요. 지금까지 그런 직원은 없었지만요. 그래서 그냥 먼저 줘요.

희선_ 주변에 퇴직금을 주는 원장님이 계세요?

우리_ 없어요. 그리고 퇴직금이라고 하면 말이 나올 수도 있겠는데, 제가 3% 더 챙겨서 준다고 생각하는 거예요. 인턴들 월급도 해마다 올라가요. W헤어에서는요. 다른 곳은 모르겠지만 우린 매년 12월에 근로계약을 다시 하고 인턴부터 전 직원 면담을 해요. 오래 됐어요. 인턴 첫 해 월급은 정해져 있어요. 입사한 달과 상관없이 최저 시급을 받고 2년 차부터 달라져요. 연초에 입사한 직원보다 연중, 연말에 입사한 직원이 더 좋은 조건이 돼요. 그래도 첫 연도만 그러라고 해요. 12월이 되면 모든 직원한테 본인이 원하는 금액을 제시하라고 해요. 받고 싶은 월급이요. 인센티브 받는 직원들도 내가 제시한 금액이 억울한 사람들, 합당하지 않다고 하는 사람들, 무조건 더 받고 싶은 사람들은 무조건 면담 신청하라고 했는데 지금까지 면담 신청한 선생님은 없었어요. 12월이 되면 제가 직접 한 명 한 명 전부 면담하거든요. 그런데 올려달라는 직원은 없었어요. 면담해서 네가 받고 싶은 금액을 나한테 제시를 안 하면 내가 주는 금액을 받아야 한다고 하면 그냥 원장님이 주는 대로 받는다고 해요.

희선_ 이상한걸요? 직원들은 더 받고 싶을 텐데요. 말을 못 하는 걸까요?

우리_ 12월 15일이 되면 대부분 다 공지를 해요. 연봉 협상을 다시 해야 하니 본인이 원하는 금액과 이유를 갖고 올라와라. 원하는 금액을 얘기하는 직원도 있긴 하지만 대부분 없어서 제가 그냥 10% 정도 올려줘요. 단, 제 기준에 노력하지 않는 직원들은 그대로 둬요. 항상 하는 이야기가 있어요. "내가 월급을 줄 때 더 못 줘서 미안하다는 마음이 들어야 하고, 여러분이 월급을 받을 때도 한 거에 비해 많이 받는다는 마음이 드는 관계가 형성되어야 우리가 오래 같이 갈 수 있어요. 서로 많이 준다고 생각하고 적게 받는다고 생각하면 불만이 생기고 나쁜 감정이 생길 수 있으니, 여러분이 원하는 금액을 꼭 얘기해요"라고요.

희선_ 일하는 사람 입장에서 백번 맞는 말이에요. 돈 얘기를 껄끄러워하는 사람이 많지만, 그냥 덮고 가면 또 불만이 쌓이는 원인이 될 수 있으니 서로 깔끔하게 정리하고 가는 게 최고죠. 원하는 금액을 말했던 사례가 있나요?

우리_ 네, 있어요. 그리고 저는 요구한 금액을 무조건 줘요. 원하는 금액이 300만 원이면 무조건 원하는 금액을 줘요.

희선_ 잠깐만요, 원장님. 무조건이 어디 있어요? 일도 조건부로

하는 건데 왜 원장님만 무조건 들어주세요? (이런 원장님은 처음 봐서 호기심이 멈추질 않는다)

우리_ 그런데 신기한 건요, 지금까지 큰 금액을 얘기한 직원이 없어요. 가장 큰 인상폭이 10만 원 정도였어요. (정말 이 헤어살롱은 어떤 관계로 만들어지고 어떤 사람들이 일을 하길래 이렇게 서로를 생각하는 마음들로 가득 찼을까?) 정말 터무니없는 금액을 얘기한 직원은 한 명도 없었어요. 300만 원이든 500만 원이든 받고 싶으면 그만큼의 일을 하면 된다고 하고, 500만 원어치의 가치를 줄 수 있는 사람이 될 수 있으면 그렇게 써오라고 해요.

희선_ 이야기를 나누다 보니 원장님의 꿈이 궁금해요. 어떤 살롱을 만들고 싶으신가요?

우리_ 직원들이 월급 많이 받아가는 매장, 직원들이 행복한 매장이요. 사실 돈이 많아도 모두가 행복한 건 아니지만 완전히 무시할 것도 아니잖아요. 여유 있는 생활을 하면서 행복은 더 누렸으면 좋겠어요. 그래서 우리가 말하는 게 있는데, 우리 모두 외제 차 타고 출퇴근하자. 누가 스타트 끊을래? 그래요.

희선_ 처음에는 매출 상관없이 인성만 본다더니 이야기가 매출로 흘러가는데요? (웃음)

우리_ 그렇게 제가 만들어주고 싶어요. 매출 없는 사람들도 우리 살롱에서 제가 성장시키고, 여기서 일하니까 내가 이렇게 됐구나!를 보여주고, 진짜 자부심 느끼면서 일했으면 좋겠어요.

가끔은 내 뜻대로 안 돼서 힘들기도 했는데 요즘은 우리 직원들이 너무 잘해줘서 고마워요. 현재 디자이너 네 명, 인턴 네 명, 저까지 열 명인데 제가 일을 너무 많이 하면 직원들 매출이 떨어지니까 저는 조금만 일해요. 현재는 직원들의 만족감이 높은 편이에요. 많이 주려고 노력하고 어떻게 하면 더 줄까 맨날 연구하거든요. 저도 사람인지라 처음에는 버는 만큼 다 가져갔죠. 그랬더니 너무 사람이 쪼잔해지고 베풀기가 힘들어지더라고요. 그래서 제 급여의 최대치를 정했어요. 지금까지 직원들 덕분에 여기까지 온 거니 조금 더 많이 베풀어야겠다는 생각이 들어서요. 정한 급여 이상으로 번 건 베풀자고 다짐했어요. 물론 많이 벌면 좋죠. 근데 어디까지 버는 게 많이 버는 걸까? 생각하면 끝이 없는 거예요. 그래서 상한선을 정한 건데 마음이 훨씬 편해요. 미용 일은 내가 하는 만큼 버는 직업이잖아요. 제가 시술 많이 하면 다른 선생님 메인 인턴을 빌려 써야 하니 서로 불편해지잖아요. 그래서 제 일은 줄이고 직원들이 필요로 할 때 나타나 주고, 매장 관리만 하면서 제 월급 가져가는 것에 감사해요.

희선_ 원장님은 매출도 하는 매니저인데요? (정말 훌륭한 기술을 가졌다)

우리_ 제가 마음을 내려놨더니 편하더라고요. 그리고 내가 열심히 하고 이 정도면 억울하지 않겠다는 금액을 정한 거예요. 내가 행복해야지 우리 직원들도 행복하지 않을까요? 우리 팀장님, 선생님, 인턴들 월말에 월급 보내줄 때 저 엄청 뿌듯해요.

희선_ 원장님은 주는 게 행복해 보여요. 주는 것의 미학을 오늘 많이 배웁니다.

우리_ 맞아요, 저는 받는 것보다 주는 게 더 좋아요. (웃음) 저는 직원들이 우리 헤어살롱이 더 잘 되게 해야겠다는 마음이 계속 생기는 게 보여서 좋아요. 그러니까 되게 열심히 하려고 하고 뭔가 보답하려고 서로 그래요.

희선_ 나중에 다 원장 될 분들인데 그런 마음을 가지고 있는 분들이 미용계를 만들어 가는 거, 저는 너무 찬성입니다.

우리_ 맞아요. 그런데 우리 직원들은 한 명도 원장 하고 싶지 않대요. 이유를 물었더니, 한 명은 했다가 포기하고 왔는데 다신 안 한대요. 또 한 명은 원장님이 월급 많이 주시고 이렇게 편하게 일하는데 왜 해요? 그래요.

희선_ 그러게요. 아주 현명한대요?

우리_ 다른 직원은 팀장님도 여기서 많이 버니까 자기도 그렇게 될 거래요. 여기서 7년 동안 인턴으로 있다가 이제 디자이너 된지 1년 된 직원이 있어요. 본인이 원해서 7년이나 인턴을 한 거예요. 머리도 기가 막히게 잘해요. 클레임률이 제로예요.

희선_ 아니 왜 인턴을 그렇게 오래 했대요. 월급은 어떻게 하고요.

우리_ 편해서 그랬대요. 사실 그 직원은 인턴 때 받던 월급이랑 지금 받는 월급이랑 거의 동일해요. 많이 줬어요. 저는 직원들에게 편하게 물어봐요. 꿈이 뭐냐고. 디자이너가 꿈인지, 원장 되는 게 꿈인지. 특이하게도 그냥 '인턴 짱'이 꿈이라는 직원도 있어요. 인턴 짱 위치에서 멈추고 싶대요.

희선_ 진짜요? 왜요? 미용하면서 최종 목표가 인턴인 거예요? 예전에 누가 과장으로 승진되자마자 자기 목표는 과장이라고 하면서 이제 그만 다녀야겠다고 했던 말이 생각나네요.

우리_ 저는 그 말에 공감해요. 의사, 간호사 역할이 다 다르듯 본인이 인턴 역할이 적성에 맞는다면 그것도 하나의 직업으로 보는 거예요. 미용한다고 누구나 디자이너가 되고 원장이 되어야만 완성이라고는 생각하지 않아요. 정말 나는 인턴이 하는 일들을 멋지게 잘 해낼 자신이 있고 적성에 맞는다면 그게 자신한테 최상의 직업이라고 생각해요.

희선_ 저도 같은 생각이긴 한데 현실적인 문제가 있어서 그렇죠. 계속 인턴 월급이면 생활하는 데 좀 곤란할 것 같아요.

우리_ 제 경우는 그런 인턴에게 월급을 많이 줘요. 7년 인턴했다는 직원은 초급 디자이너보다 월급 많이 줘요. 그만큼 역할을 하니까요. 그 직원으로 인해 매출이 빵빵 오르는데 월급을 적게 줄 이유가 있나요. 미용 자체는 너무 좋은데 고객 응대와 시술이 겁나고, 적성에 안 맞는 사람들이 있어요.

희선_ 맞아요, 그런 분들이 있어요. 딱 인턴의 일을 잘해낼 수 있는 분들. 그분들껜 인턴이 직업일 수 있겠네요. 인턴이 직업인 나라도 있다고 들었어요.

우리_ 그럼요. 누구나 의사일 필요는 없어요. 간호사도 필요하죠.

희선_ 모든 사람이 사장일 수는 없듯이요.

우리_ 그래서 저는 인턴이라는 그 직업을 존중해줘요.

희선_ 잘할 수 있는 일만 하는데 월급이 차차 오른다면 오히려 행복하게 일할 수 있겠네요. 원장님 말씀이 저한테 새로운 인사이트를 줬어요. '직업'에 대한 개념을 다시 정립하는 계기가 되네요.

우리_ 본인만 만족한다면요. 본인 의사와 상관없이 제 임의로 월급 많이 줄 테니까 그냥 인턴하라는 건 아니죠. 인턴이 적성에 맞다면 추천할 일이에요.

희선_ 우리 원장님, W헤어의 차별점이 바로 이런 데 있었네요. 처음부터 분명 뭔가 다르다고 느꼈는데, 알면 알수록 아주 색다르고 신선해요.

우리_ 본인이 적성에 맞다는데 '아니야. 미용을 시작했으면 무조건 디자이너까지 해야 해'라고 하면 부담스럽겠죠. 그렇게 그만두는 것보다 의견을 존중해주는 게 훨씬 낫잖아요. 미용을 어떤 이유로 시작했든 생각과 달라서 그만두는 초급 디자이너들을 너무 많이 보면서 안타까운 마음이 많았어요.

처음 미용업계 교육할 때 놀랐던 것 중 하나가 바로 이 부분이었다. 초급 디자이너로 승진하자마자 그만두는 분들이 의외로 많다는 사실을 알고 너무 의아했다. 적은 월급에 미용기술 하나하나 배우고 연습해가며 고생은 고생대로 다 해놓고 이제야 독립된 미용인이 됐는데 왜 그만두는지 이해가 되지 않았던 것이다. 오늘에서야 문 원장의 오랜 경험과 직원에 대한 찐사랑과 남다른 통찰을 빌어 비로소 그 이유를 알게 된 셈이다. 인턴도 하나의 직업이며, 디자이너가 되면 그때부터 또 다른 시작이고, 원장이 되는 길도 또 다른 시작이라는 것을 말이다.

희선_ 이야기를 나눌수록 원장님의 사고가 남다르다는 것을 느낍니다.

우리_ 보통 미용인이라면 디자이너까지 당연히 올라가야 하는 것처럼 되어 있는데, 저는 그렇게 교육하지 않아요. 안 하고 싶으면 안 해도 된다, 너희들이 목표를 정하고 거기서 유지하면서 그 위치에서 최고가 되고 베테랑이 되게끔 노력하면 된다고요.

희선_ 이 정도 월급을 주면서 직원들부터 생각하고 행동하는 원장님을 전 처음 봤어요. 다들 디자이너가 꿈이고 원장이 꿈이고 대표가 꿈이죠. 하지만 안 되는 사람도 있으니 있는 그대로 인정하기도 해야겠다는 걸 배웁니다. 억지로 올라가도 나중엔 결국 자기에게 맞지 않다는 걸 깨닫죠.
원장님처럼 그 어떤 직급도 직업으로 인정해 주고, 각자의 하는 일에서 행복함을 느낄 수 있다는 것 잘 기억하겠습니다.

우리_ 저는 그렇게 되어야 한다고 생각해요. 다른 사람이 어떻게 생각하든 내가 샴푸가 좋다면 샴푸에서 최고가 되면 되는 거예요. 자신이 가장 자신 있는 부분을 더 파면 되는 거죠.

희선_ 매일 샴푸 하러 오는 고객들도 있죠. 시술에서 샴푸가 중요하고요.

우리_ 그럼요. 사실 요즘 가장 주목하는 부분이 샴푸예요. 인턴들의 샴푸 실력이 어느 정도인지, 메인 선생님이 직접 샴푸를 얼마나 받아보고 체크하는지 확인해요. 아주 중요한 일이거든요. 왜냐면 내가 공들인 시술이 샴푸에서 무너지는 경우가 너무 많거든요. 샴푸 하나로 고객들의 기분이 요동쳐요. 내가 좀 부족했던 시술이 샴푸에서 감동을 줘서 성공적으로 마무리되는 경우도 있어요. 그러니 디자이너가 샴푸 실력을 체크하지 않는다면 메인 인턴을 쓸 자격이 없다고 해요. 메인 인턴의 샴푸를 꼭 받아보라고 해요.

희선_ 저도 화장품회사 다닐 때 마사지 교육은 직접 다 해주면서 설명하고 반대로 다 받아보면서 진행했어요. 그래야 압력의 세기와 위치, 속도를 피드백해줄 수 있거든요. 시간은 오래 걸리지만, 오히려 이 방법이 정확하고 빠른 교육 방법이었어요.

우리_ 저는 블라인드 테스트를 많이 해요. 선생님들이 누워 있고 수건으로 눈을 가려요. 누가 샴푸를 하는지 전혀 모르게요. 그리고 인턴 중 한 명을 지목해서 샴푸 하라고 해요. 선생님은 누가 했는지 모르기 때문에 객관적인 판단을 내리죠. 사람이기 때문에 친하거나 좋아하거나 불편하거나 싫어하는 인턴이 있기 마련이에요. 감정이 들어가면 판단이 흐려지겠죠. 그래서 블라인드 샴푸를 해요. 선생님이 잘했다고 했는데, 알고 보면 맨날 못한다고 말하던 인턴인 경우도 있고, 너무 못한다고 했는데 본인 메인일 때도 있어요.

희선_ 너무 좋은 방법이네요. 블라인드 테스트는 보통 언제 하세요?

우리_ 불시에 해요. 영업 전이나 영업 후에나 아무 때나요. 쉬는 날에 직원들이 놀러 오면 그날 샴푸 하기도 해요 (진짜 이런 사이는 어떻게 만들어지는 걸까요?) 제가 제일 많이 받아봐요. 제가 샴푸를 너무 중요하게 생각해서요. 저도 기술자이지만 기술에는 기준이 없어요. 사실 아주 큰 차이도 안 나요. 시술의 첫 단계인 샴푸에서 불신이 생기면 안 되기 때문에 제가 샴푸를 중요하게 생각하는 거예요.

그리고 우리 살롱에는 금지어가 있어요. 말하지 않아야 하는 단어요. "예약하셨어요?"예요.

희선_ 인사 다음에 세트로 묶인 말 아닌가요. 살롱 가면 항상 듣는 말인데요.

우리_ '안녕하세요' 인사한 다음에 '예약하셨어요?'가 아니라 '무엇을 도와드릴까요?'라고 하면 고객 열 명 중 아홉 명은 '저 예약했어요'라고 먼저 말하세요. 그런데 예약 없이 들어온 고객도 있을 수 있잖아요. 다짜고짜 예약했는지부터 물으면 예약 안 하면 안 되나? 기분이 상할 수도 있겠더라고요. 직원들한테 물어보니 본인들도 듣기 싫대요.

화장품회사에서 교육할 때 나도 문 원장과 똑같은 마음이었다. 백화점에서 화장품 매장은 다 1층에 있다. 나는 화장품 매장에 오는 고객은 제품 구입이 목적이 아닐 수도 있다고 생각했다. 1층이다 보니 화장실 위치를 물어볼 수도 있고, 층별 안내를 바라고 올 수도 있겠다 싶었다. 혹은 외국에서 사온 제품의 사용법을 물어볼 수도 있고. 그런데 모든 브랜드가 똑같은 인사를 하고 있었다. "어서 오세요. 찾으시는 제품 있나요?" 고객이 매장을 찾는 이유는 너무나 다양한데 꼭 뭘 사러 오는 사람만 환영하는 것 같다는 생각에, 나는 멘트부터 바꾸자고 제안했다. 그 후로 맞이 멘트는 "무엇을 도와드릴까요?"가 되었다. 고객 입장이 되어 보면 누구나 생각할 수 있겠지만 생각에 머물기 쉽다. 그런데 직접 실천하고 있는 살롱을 보니 반가운 마음이 앞섰다.

희선_ 익숙해지려면 롤플레잉을 해보면 좋을 텐데, W헤어앤스 칼프에서는 롤플레잉을 하나요?

우리_ 거의 하지 않아요. 뭔가 민망하다고나 할까요? 그보다는 교육을 계속 하는 편이에요. 회의도 많이 해요. 회의는 누구 한 사람이라도 하고 싶다고 말하면 해요. '회의'를 하고 싶다는 말 속에는 하고 싶은 말이 있다는 뜻이 숨어 있거든요. 하고 싶은 말은 한 마디였을지 모르겠지만 일단 회의를 시작하면 한 시간 이상씩 하고 그래요. 그래도 하고 싶은 말이 있는데 그걸 묵살시키면 안 되니까요. 저흰 카톡방도 직급별부터 익명카톡방까지 6~7개는 있어요.

희선_ 아, 익명카톡방! 처음 들었을 때 너무 참신하다고 생각했었어요. 가명으로 들어와서 반말로 얘기하는. 교육 때 사용해봤는데, 교육생들이 모두 '냐'님으로 들어와서 이야기하니까 누가 누군지도 모르겠고 편하게 하고 싶은 말들 써주니까 교육에 활기가 생기던데요. 다만 관계가 좋은 곳에서만 가능할 것 같았어요. 지금도 잘 운영되고 있나요, 익명카톡방이요!

우리_ 이번 송년회를 강릉 가서 하거든요. 익명카톡방에서 갑자기 누가 '나 팀장인데 모범을 보이기 위해 바닷물에 한 번 빠질게' 이렇게 올린 거예요. 누군가 팀장을 사칭한 거죠. (웃음) 말도 안 되는 대화들이 오가요. '내가 팀장인데, 넌 누구냐' 이러면서요.

희선_ 굉장한 신뢰가 쌓여야만 가능한 대화죠. 진짜 누구 하나라도 싫으면 거기다가 욕했을 거예요. 너무 부럽네요. (다른 원장님들께도 살롱 직원들끼리 사이가 좋다면 믿고 오픈할 수 있는 익명채팅방을 추천한다)

우리_ 카톡방이 많아서 좀 정신없기는 하지만 저는 메인 카톡방에만 들어가 있어요. 무슨 짓을 하는지 사실 몰라요. 원장이 들어가면 불편할 수 있거든요. 저희는 건의 사항도 팀장님이 다 알아서 해요. 저랑은 근무 협상하고 월급 정도만 상의하고 나머지는 다 팀장님 재량이에요.

희선_ 원장님이 저한테 처음 연락을 주셨을 때가 기억나는데, 대단히 인상적이었어요. 막내 인턴의 요청으로 제게 교육 문의를 주셨잖아요. 대부분 원장님이 알아보고 강사를 섭외하는데 막내 인턴의 의견을 받아들여 주신 것 자체가 신기했어요.

우리_ 지금도 그렇게 하고 있어요. 살롱 교육은 매장 교육, 외부 인플루언서 교육, 제품 교육, 이렇게 세 가지로 나뉘어져 있어요. 매장 교육은 선생님들이 하고, 제품 교육은 제가 하고, 인플루언서 교육은 직원들이 서치해서 듣고 싶은 교육을 신청하라고 해요. 교육 관련해서는 내가 다 지원을 해주겠다고 해요. CS 교육도요. 기술 교육만 본인 부담이 좀 들어가요. 기술을 쌓기 위한 교육은 스스로 투자해야죠. CS도 본인의 발전을 위한 것이지만 내 매장을 위한 교육이니 그건 내가 투자하겠다고 해요. 인플루언서들 교육비가 사실 만만치 않잖아요. 그래서 하기로 하면 설령 내가 받고 싶지 않은 교육이라도 직원들 다 같이 동참하도록 해요. 비용 부담이 있으니까요. 우리는 공동체 의식을 가지고 일한다, 교육에도 동참하고 함께 성장하자고 해요. 그래서 인플루언서 교육은 듣고 싶으면 말하라고 하고 같이 비용 부담하고 들어요. 참여율이 아주 높아요. 직원들이 사실 무료 교육은 정말 안 들으려고 해요. 본인 돈이 들어가야 하나라도 얻으려고 열심히 하게 되는 거예요. 기술 교육에는 직원들 부담이 필요하다고 봐요. 대신 인턴들 비용은 제가 부담을 해주고 있어요.

희선_ 저랑 첫 미팅하셨을 때 구성원들이 나이가 좀 많다고 하시면서 이야기를 시작했었잖아요. 기억나세요? 겉보기엔 별다를 게 없어서 무슨 뜻인가 했는데 원장님이 해주시는 이야기들이 하도 남달라서 원장님이 더 궁금해졌던 것 같아요. 신입보다는 경력 단절이 있는 주부 디자이너들, 다른 곳에서 미용하다가 마음의 상처를 받은 분들을 주로 뽑는다고 하셨는데, 어떻게 된 건지 궁금해요.
우리_ 직원들 절반 이상은 아이 엄마예요.

희선_ 의도하고 뽑으신 거예요?
우리_ 일부러 그렇게 했어요. 아주 개인적인 생각인데요, 아쉬울 것 없는 분들은 헝그리 정신이 부족하다고 생각해요. 워라밸 따지고, 우리 살롱은 특히 가족처럼 지내는데 스며들지도 못하고요. 그냥 직업은 가져야 하니까 목적 없이 일하고, 미용 한번 해볼까? 이런 마음으로 일하는 거, 개인적으로 좋아하지 않요. (백 퍼센트 공감한다) 어느 정도는 아쉬움과 간절함이 있어야 더 잘해낼 수 있다고 생각해요. 저희는 4시에 퇴근하는 직원도 있고, 5시에 퇴근하는 직원도 있고, 6시에 퇴근하는 직원도 있고 굉장히 다양해요. 그 조건을 다 맞춰주고 있어요.

희선_ 원장님 같은 분, 저는 정말 처음 봤어요. 일본의 경우에서나 듣고 봤던 이야기라 더 신기하네요. 이렇게 된 이유가 있나요?

우리_ 아이가 있고 돌봐야 하는 상황에서는 미용은 하고 싶은데 방법이 없잖아요. 시간 될 때만 하게 해주는 곳은 없으니까요. (퇴직금 이야기로 사람 놀라게 하더니, 이렇게까지 하시니 이제는 원장님이 마냥 존경스럽기만 하다) 지금 아이 때문에 일찍 퇴근하는 직원들이 하나같이 하는 얘기가 있어요. 아이들이 커서 더 이상 나를 찾지 않을 때 나는 여기 살롱에 있을 거고, 지금까지 못 한 거 다 할 거라고요.

희선_ 너무 감동적인데요. (누군가는 감동을 파괴하는 말을 할지도 모르겠다. 믿을 수 없다, 언젠가 변한다, 일하고 있으니 그런 말 한다… 하지만 최소한 이런 마음을 가진 그 순간의 진심을 있는 그대로 믿어준다면 당사자도 그 약속에 더 진심이려고 노력하지 않겠는가)

우리_ 우리 선생님들 멋있지 않아요? 미용은 기술이라 중간에 쉬면 원상 복귀하는 데 시간이 걸리거든요. 그래서 한 시간을 하든 두 시간을 하든 매일 하는 게 중요하다고 생각해요.
그래서 면접 볼 때 말해요. "주 3일제를 하든, 주 2일제를 하든 난 상관없다. 대신 꾸준히만 해주면 문제가 안 된다." 근데 면접을 잘 보고 싶어서 6일제 할 수 있다고 장담했다가 일이 생겨 그만두는 것보다 처음부터 사실대로 이야기하는 게 저는 좋더라고요. 아이가 있어서 4시에는 퇴근을 해야 하는데 여기서 꼭 근무하고 싶다고 말하면 저는 무조건 오케이예요.
근무 시간에 따라 대가가 달라진다는 건 미리미리 이야기하니까 직원들도 불평하지 않아요. 풀 근무자와 조기 퇴근자, 요일제 근무자들의 급여가 다르기 때문에 서로가 일하는 방식을 존중해줘야 한다고요. W헤어는 오전 10시부터 오후 8시까지 근무 시간이고, 10시에 출근해서 4시 퇴근자, 5시 퇴근자, 6시 퇴근자 이렇게 나뉘어져 있어요. 근데 일찍 가는 분들에게 감사한 건, 근무 시간에 너무 열심히 일해요. 본인도 먼저 가는 데 미안함을 느끼니까요. 그리고 10시 오픈이지만 아이들 학교 보내면 8시 반, 9시잖아요? 그럼 일찍 와서는 남들이 안 해놓은 거 다 해요.

희선_ 정말 여기 뭔가요. 직원들이 이렇게 먼저 희생적으로 일하고 배려하는 곳은 처음 봤어요. 너무 멋집니다. 일하면서 자기 근무시간만 중요한 사람들이 있어요. **10시 출근이면 집에서**

애들 보내고 청소도 하고 쉬다가 더 늦게 나오거나, 카페에 있다가 10시 맞춰 출근하는 분들 많이 봤어요.
우리 우리 선생님들은 그렇게 계산적이지 않더라고요.

희선 원장님 마음을 닮은 게 아닐까요. 손뼉도 마주쳐야 소리가 난다는데 한쪽이 일방적으로 잘한다고 되는 건 없어요. 살롱 운영에 대한 원장님의 가치관이 명확하고 직원들에게도 원장님의 평소 태도와 모습을 통해 잘 전달이 된 것 같아요.
우리 그러면 감사하죠. 4시 반 퇴근인데 작업이 걸리면 못 가는 경우도 있을 수 있잖아요. 우리 매장은 그런 거 절대 없어요. 하던 걸 멈추고서라도 가라고 해요. 아이가 기다릴 텐데 얼마나 애가 타겠어요. 손을 바꿔서라도 다른 분이 하게 하고 무조건 1분 전에 퇴근 준비를 하라고 해요. 무조건 보내줘요.

희선 고맙겠어요. 대단한데요
우리 어쩔 수 없거든요. 그건 내가 하기 싫어서 안 하는 게 아니라 애 키우는 엄마들은 어쩔 수 없거든요. 그것 때문에 사실 일요일에 쉬게 됐어요.

희선 주 5일 근무죠?
우리 주 4일제도 있고 주 5일제도 있어요. 가장 적게 근무하는 선생님은 10시에 출근해서 4시에 퇴근하고 일요일은 쉬어요. 수, 목, 금, 토 4일 일하는데 4시에 퇴근하는 인턴분 계세요. 진짜 열심히 일해요. 그래도 150만 원 이상의 월급은 받아요. 누구나 여기서 끝까지 있는다는 보장은 없지만, 그냥 제가 믿고 가는 거예요. 믿고, 그만두고, 또 믿고, 그만두고 반복되는 일들은 어쩔 수 없어요. 그거 무서워서 믿지 않으면 끝이 없어요. 원장의 숙명이에요. 그래도 저는 매출은 직원이 벌어온다고 생각해요. 절대 원장 기술이 좋다고 매출이 좋은 게 아니더라고요.

희선_ 원장님과 함께 일하고 싶은 직원들의 마음을 알 것 같아요. 인원이 더 많아지면 2호점도 오픈할 계획이 있나요?

우리_ 지금도 직원들이 계속 2호점 이야기하는데 저는 1호점 잘하자고 해요. 그럼 또 직원들이 맞다고 맞장구쳐요. 저희 너무 재밌죠? 실은 얼마 전에도 좋은 자리가 있어서 보고 오긴 했어요. 직원들도 괜찮은 것 같다고 해서 누가 갈래 했더니 아무도 안 간다는 거예요. 제가 어디 있을지를 물어보고 제가 지금 W헤어에 있을 거라고 하니까 다들 여기 있겠다는 거예요. 저랑 오래 일했던 직원들도 여러 사건을 다 겪다 보니 하는 말이 똑같아요. 우리랑 맞지 않는 직원이 들어와서 분위기를 망치면 우리가 어떻게 감당할까 겁이 나는 거예요. 그래서 선뜻 못하겠더라고요. 내가 원하는 게 뭘까? 계속 고민 중이에요. 확장할까 그냥 적당히 하다가 끝낼까요.

희선_ 적당히도 말고 확장도 말고 지금 여기서 더 강해지면 되죠.
우리_ 맞아요. 강해져서 이거 하나를 진짜 알차게 만들고 싶어요. 2층엔 두피실도 두고, 옆에 별관도 만들고. 요즘은 제가 뭘 할지 맨날 연구해요.

희선_ 직원들 성장에도 관심이 많으시죠? 디자이너가 되기 전에 실습을 많이 해야 하는데, 초급 디자이너를 위해 용감한 고객을 모집하는 스토리가 아주 인상적이었어요.
우리_ 디자이너가 되기 전에는 고객을 시술하는 게 두렵고 실력도 부족해요. 고객에게 바로 실습을 하라면 진짜 겁이 날 거예요. 고객도 모델이 되어줄 리 없죠. 그래서 용감한 고객을 모집한다고 하고 원장이 도와드리니 걱정마시라고 했던 건데 반응이 아주 좋았어요. 모델도 금방 마감이 되었고요.

희선_ 맞아요, 원장님이 옆에서 떡! 하니 지켜주시면 모델 할 만하죠. 디자이너 될 때까지 1:1 교육을 하신다고 했는데 교육에 진심이세요. (문 원장 유튜브는 구독자가 1만 명이다)
우리_ 맞아요. 저는 교육에 너무 진심이고 그러다 보니 직원들도 연습 많이 해요. 어떨 땐 집에 제발 가라고 할 때까지 연습하기도 해요. 인턴들은 숙제가 많아요. 세 가지를 제출해야 해요.

첫째, 교육 일지인데 제가 만들었어요. 일주일에 한 번씩 메인 선생님이 하는 인턴 교육이 있는데, 이걸 누가 봐도 쉽게 이해할 수 있게 작성해서 제출하면 돼요. 이런 교육을 받았고, 이 시술을 이렇게 하면 되는구나, 서비스 교육이면 어떤 방법으로 어떻게 서비스를 해줘야 하는지도 자세하게 적어요.

둘째, 시술 일지인데, 인턴들이 디자이너 선생님들의 서브를 보면서 본인이라면 어떤 시술을 했을지 상상해보고 이미지 메이킹(시뮬레이션)을 해보는 거예요. 시술 한 개 이상을 써오면 되는데, 10장을 써오면 더 좋아요. 예를 들면, 고객이 새치 커버해달라고 한다면 본인은 어떤 색상으로 할 건지 속으로 시뮬레이션을 돌려보는 거예요. 고객이 와서 여기 새치 커버해 달라고 한다면 나는 어떤 색상을 할 건지 정해보는 거예요. 나는 7레벨로 들어가면 될 것 같다고 했는데, 선생님은 9레벨로 들어가겠다고 해요. 결과가 어떻게 됐는지 써보는 거예요. 선생님이 9레벨로 들어가면 따라야 하는 거니까 9레벨로 했을 때 고객 반응은 어땠는지를 적어요. 너무 어두운 것 같다고 했다면 역시 내가 생각한 7번이 맞았구나! 또는 9레벨을 한 고객이 너무 예쁘다고 했다면 역시 선생님 말씀이 맞는구나! 이런 일지 하나를 쓰는 거예요.

셋째, 꿈노트인데 본인의 목표를 하나 정하는 거예요. 예를 들면, 사모님들 드라이를 언제까지 완성하겠다는 계획표를 만드는 거예요. 그리고 어떤 노력을 했는지 써요.

디자이너 양성 과정에 있는 교육으로는 가발 세 개를 던져주고 어떤 스타일로 만들 수 있는지 1주일에 9개 보내라고 해요. (아, 엄청 바쁜 일정이겠다) 예전에는 본인이 원해서 필요한 교육을 열심히들 들었어요. 누가 가르치지 않아도 본인 스스로 성장하고 싶은 마음에 했었어요. 그런데 지금은 이렇게 안 하면 그냥 제자리에 있더라고요. 예전보다 놀 게 너무 많아요. 그래서 누군가가 이끌어주고 체크하지 않으면 안돼요.

희선_ 인턴들 숙제에 5명 과제 체크, 디자이너 입문 교육까지, 원장님 혼자 이 모든 교육을 다 하면 너무 바쁠 것 같은데요?
우리_ 인턴 숙제 체크는 팀장님이 맡아서 하고, 저는 디자이너 양성 과정 맡아서 하고, 교육은 일주일에 두 번 해요. 수요일 야간 교육 세 시간, 목요일 아침 교육 이렇게요.

희선_ 수요일 야간하고 목요일 아침을 한다고요. 집에 안 가나요?
우리_ 인턴들 스케줄에 맞춰줘요. 사실 교육받고 숙제하고 할 게 많아요. 따라오는 사람은 성장하고 못 하면 아웃이죠. 아웃되면 한 단계 밀려나요. 했던 거 또 하는 거예요. 진도를 안 나가줘요.

희선_ 교육비는 어떻게 되나요? 이것도 꽤 큰 부담이죠.
우리_ 저는 안 받아요. 그런 혜택이 있어야 이 직원들이 여기서 버틸 수 있다는 생각이 들어요. 교육비를 40만 원, 50만 원 받는 곳이 많더라고요.

희선_ 원장님, 혹시 금수저 아니시죠? (웃음) 할 일이 끝도 없네요. 휴무 날엔 오픈 전에 매장 청소도 하시죠. '우리' 매장이 아니라 '내' 매장이라고 말할 때 놀랐어요.
우리_ 맞아요. 아무리 '우리'라고 해도 이 매장의 주인은 나거든요. 직원들한테 주인의식을 강요할 순 없어요. 내 집은 내가 청소하는 게 맞죠. 손님들이 조금 도와줄 수는 있지만요. 저는 그렇게 생각해요. 원장이란 직업은 할 일이 참 많아요. 교육해야죠, 아침에 나가서 청소해야죠, 간식 만들어줘야죠, 감정 관리해줘야죠, 놀아줘야죠.

희선_ 아, 그거 정말 궁금했어요. 자녀들도 있으신데 휴무날 직원들과 놀러다니는 거 봤을 때, 전 좀 의아했어요. 쉬는 날도 없나 해서요.
우리_ 아이들 학교 갔다 오기 전에는 돌아오죠.

희선_ 쉬는 날까지 직원들과 함께하시는 이유가 있나요?

우리_ 집에서 크게 할 건 없고요. 사실 개인적인 일도 그다지 많지 않아요. 친구들도 한 달에 한 번이면 충분하고요, 직장동료가 가장 친한 친구 아닐까요?

문 원장의 직원 사랑 이야기는 인터뷰 이후로도 길게 이어졌다. 나는 조금도 지루한 줄 모르고 듣고 또 들었다. 그의 얘기는 돈과 성공만을 쫓는 삭막한 직업의 세계에서 오랫만에 나를 행복하게 미소 짓게 해주었다. 누군가 나를 다른 사람에게 이렇게 사랑 가득한 사람으로 말해주면 얼마나 좋을까? W헤어앤스칼프는 문 원장의 운영 철학이 너무나 돋보이는 매장으로 원장과 직원들 간의 팀워크를 감히 따라올 곳이 없을 정도란 생각이 들었다.

직급으로 구분되는 헤어살롱에서 인턴 위에 디자이너, 디자이너 위에 원장, 그렇게 올라가는 게 모두가 당연한 줄 알았는데 지금 하는 일이 자기에게 가장 잘 맞다면 인턴도 직업으로 인정해주고 싶다는 문 원장의 말이 계속 맴돈다. 동료가 4시에 퇴근해도 그의 퇴근을 전직원이 마음으로 돕는다니. 사람이 어디에서 일하는지가 중요한 게 아니라, 누구와 어떤 분위기에서 일하는지가 중요하다는 사실을 다시금 깨우쳐주는 시간이었다. 모두가 '안 된다', '어렵다' 말해도 전혀 영향을 받지 않는 곳, 문 원장의 실력과 마인드와 철학이 살롱에 녹아져 함께하는 사람들이 행복하게 일하는 곳, W헤어앤스칼프에서 가장 행복한 사람은 문 원장에게 사랑 받는 직원들일까, 직원들이 사랑하는 문원장일까, 괜한 궁금증에 나는 또 한 번 미소가 지어졌다.

직원들의 말을 경청하는 부드러운 리더, 기승전 '관계'

하희선 인터뷰집

이자벨라
이가자헤어비스 롯데마트잠실점

직원들의 말을 경청하는 부드러운 리더, 기승전 '관계'

– 부드러움 속에 카리스마를 담은 준비된 원장

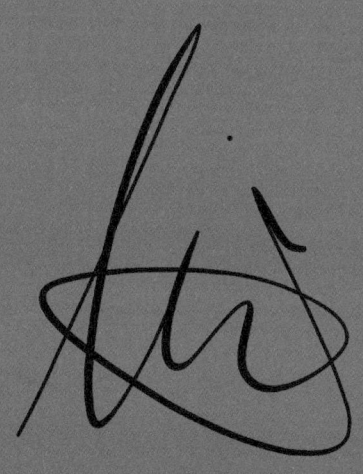

살롱 | 이가자헤어비스 롯데마트잠실점
원장 | 이자벨라
직원 | 원장 1명 + 매니저 1명 + 디자이너 7명 + 인턴 7명

디자이너에서 강사로, 강사에서 헤어살롱 원장으로 한 단계 한 단계 차근차근 밟아온 원장이 있다. 한때 청담동에서 아나운서, 연예인들의 헤어를 담당하며 잘 나가던 디자이너로 일하다가 먼훗날 살롱을 운영하기 위한 큰그림을 그리고 일단 강사에 도전한 그는 덜컥 헤어살롱부터 오픈하지 않고 하나하나 잘 준비하고 원장에 도전한 사례이다.

2023년 8월 8일 이자벨라 원장을 만났다. 디자이너로만 근무하던 살롱과 경영인으로 바라본 살롱은 하늘과 땅 차이였으리라. 8년간 살롱을 운영해보니 이자벨라 원장은 무엇보다 사람들과의 '관계'가 가장 중요했다고 강조한다. 모든 질문에 기승전'관계'를 외칠 정도다. 이자벨라 원장은 항상 웃는 얼굴로, 단 한 번도 목소리를 높이거나 화내는 모습을 보인 적이 없었다. 직원들에게 쓴소리하기를 불편해하는 듯했다. 그런 사람이 어떻게 헤어살롱을 운영할 수 있을지 궁금했다. 강하고 엄격하며 본인 의견을 강하게 주장하는 대부분의 원장들과는 반대의 성향을 가진 이자벨라 원장의 운영 노하우가 궁금했고, 매달 초에 열리는 '성장 회의'가 무엇인지도 자세히 알고 싶었다. 본인은 다른 원장님보다 잘하는 게 없다며 수줍어하면서도 만나자는 목소리에는 기다림이 느껴졌다.

희선_ 헤어살롱 업계에서 디자이너를 하시다가 강사가 되셨는데 어떻게 경영까지 하게 됐어요?

이자벨라_ 강사도 제 꿈은 아니었어요. 바로 원장이 되면 위험부담이 있으니 프랜차이즈에 들어가서 강사를 하며 배우자는 생각이었어요. 그게 이가자헤어비스였고 강사 6년 하다가 경영한 지는 이제 8년 됐어요. 서른 후반에 살롱 원장이 됐는데 애초에 '브랜드' 살롱을 선택한 것도 '관계' 때문이었어요. 미용하는 사람들을 소중하게 여기는 마음이 느껴졌는데 역시 '관계'를 중요시하는 브랜드라고 생각했고, 그래서 여기가 좋았어요. 여기서 경영을 하고 싶다고 생각이 들어서 시작하게 되었어요.

희선_ 혹시 경영하면서 다른 원장님들에게 궁금한 게 있나요?

이자벨라_ 저는 경영학을 전공한 것도 아니고 기술을 하다 이쪽으로 오니 좋은 관계를 만드는 데 대해 나름의 노하우를 만들려고 노력했어요. 예를 들면, 상대를 일단 인정하는 법이랄까요. 물론 다 인정하는 건 아니지만 일단은 인정하고 나중에 거르는

법을 알게 되었어요. 다른 원장님들께 궁금한 게 있다면, '더이상 상처받지 않는 법, 흔들리지 않는 노하우, 흔들리지 않고 꺾이지 않는 법'이에요. 저의 숙제이기도 하고요.

희선_ 이자벨라 원장님도 오너이기 이전에 '사람'이라 운영하면서 다른 원장님들처럼 여전히 '마음'이 궁금한 거군요. 요즘 이자벨라 원장님은 출강 중인 대학에서 인기 있는 교수님으로 알고 있는데 비결을 알려주세요.

이자벨라_ 강의도 사실 '관계'를 지속하게 하는 힘이에요. 수업을 들었던 학생 중에 나중에 연락해서 살롱에서 일할 수 있는지 묻는 경우도 있어요. 늘 학생들에게 받는 감동이 커요. 얼마 전에 학생들 어깨를 두드려주는데 한 학생 핸드폰 뒤에 제가 직접 써준 포스트잇이 들어 있는 걸 봤어요. 반가운 마음에 물었더니 "너무 좋아요. 힘들 때마다 봐요. 특히 학교 그만두고 싶을 때마다 봐요"라는 거예요. 매년 하던 일을 똑같이 한 것뿐인데, 내 작은 행동 하나가 미용이 힘들어 그만두고 싶은 누군가에게는 다시금 할 힘이 되어주는구나. 참 의미 있는 일을 했다고 생각했어요.

중간고사 때 저는 감독하면서 그냥 앉아 있지 않아요. 학생들에게 응원 문구를 적어요. 학기 초 오리엔테이션 때 학생들이 좋아하는 음식, 가장 좋아하는 사람 세 명, 자주 가는 맛집, 최근

읽었던 책, 앞으로 하고 싶은 일 등을 적어서 내거든요. 이걸 보관했다가 그때 한 명 한 명에게 응원 문구를 적어요. 이런 리추얼들이 서로를 기억하게 하고, 함께 일하고 싶은 사람이 되게 해주는 거예요. 포스트잇에 학생이 좋아하는 것에 더해서 이름을 쓰고 응원의 글을 더해요. 시험을 마치고 나가는 학생들에게 간식에 제가 쓴 포스트잇을 붙여 건네주면서 고생했다고 말해줍니다.

희선_ 이자벨라 원장님 이야기를 들으니 저를 뒤돌아보게 되네요. 저도 한 명 한 명 이름은 불러주는데, 원장님만큼 따뜻한 관계를 만들진 않았던 것 같아요. 가끔은 정성 가득한 이벤트를 해봐야겠어요. 한번 '받아본' 학생들은 누군가에게 다시 '주게 되는' 것 같아요.
이자벨라 원장님이 현재 운영하는 살롱은 이미 원장님이 세 명이나 바뀐 곳이잖아요? 처음 이곳을 맡으셨을 때 힘드셨을 것 같아요. 원장이 바뀌니 선생님들 마음도 불안했을 테고, 어쩌면 기대감 없이 그냥 '내 할 일만 하자'는 마인드였을지도 모르죠. 운영 초에 가장 중점을 두었던 부분은 어떤 부분인가요?
이자벨라_ '관계'였어요. 저는 이게 제일 중요해요. 제가 직원들을 모르니 제일 먼저 워크숍을 갔어요. 앞으로 친해지고 싶다고 말했고요. 돈을 벌기도 전에 먼저 쓴 셈이죠. 디자이너들이 어떤 포지션인지 궁금했고, 한 명씩 이야기를 나누면서 서로를 조금씩 알아가고 싶었거든요.
디자이너가 프리랜서라고는 하지만 함께 일하는 공간에서 '나만', '내 고객만' 생각하는 개인주의적 사고는 곤란한 일이에요. 서로의 배려가 중요하죠. 워크숍에서 한 디자이너가 그런 부분을 힘들어한다는 걸 알게 되었어요.

희선_ 대부분의 원장님이 개인주의적인 직원에 대해 고민이 많죠. 그래서 어떻게 하셨어요?

이자벨라_ 손을 잡고 말했어요. "나는 선생님의 개성을 존중해요. 하고자 하는 일에 대해 최대한 지지할 거예요. 대신 내가 도움을 요청하면 선생님도 저를 도와줘야 해요." 그분들을 먼저 이해하고 제가 필요한 부분을 부탁하니 조금씩 가까워졌어요. 8년째가 된 지금은 눈빛만 봐도 서로를 이해하는 사이가 된 것 같아요.
싫어도 어쩔 수 없이 참다가 나중에 터지는 직원도 보면서, 지금은 그때그때 자기 의견을 말하고 서로 맞춰가는 게 나쁘지 않다고 생각해요. 사람마다 생각이 다르고 성향이 다르다는 걸 이해하고 인정해주니 퇴사가 많이 없었어요

희선_ 개인별 맞춤 관리는 '중요하다'는 말로는 부족하고 '의식

처럼 진행되어야 한다'는 개념이 자리 잡아야 하는 것 같아요. 직원 수가 적을 때는 가능한데 또 많아지면 흐지부지되기 일쑤죠. 매일 같은 공간에서 일하다가 개별 면담을 하자고 앉으면 쑥스럽기도 하고, 어떻게 시작해야 할지 난감하기도 하니까요. 이자벨라 원장님은 직원들과 1대1 미팅에서 어떤 이야기를 하세요?

이자벨라_ 저는 계획을 세워놓고 면담을 하진 않아요. 데이터를 항상 분석하고 있기 때문에 갑자기 정액권 매출이 저조하거나 재방률이 갑자기 떨어지는 이상 기류가 잡히면 그때 "우리 잠깐 얘기할 수 있을까?" 데이트 신청을 합니다. 참, 직원들은 '상담'이란 말을 싫어해서 꼭 '미팅'이라고 말합니다.

비정기적으로는 3개월에 한 번쯤 직원들과 차를 마시면서 자유롭게 이야기하는 시간을 가지기도 해요. 잘 웃던 직원이 다운돼 보이면 "차 한 잔 마시러 갈까?" 하고 이야기를 들어줍니다. 인턴들과는 식사를 해요. 팀별로도 하고 상황에 따라 1대1로 하기도 해요.

점심을 한 시간에서 한 시간 반 정도 먹으면서 그냥 수다를 떱니다. 일 이야기는 절대 하지 않아요. "요즘 기분이 좋아 보여", "이뻐졌네" 등의 긍정적이면서 직원이 잘하는 얘기만 계속해요. 칭찬을 많이 해주고 마지막에 아이스크림을 먹어요. 아이스크림 먹으면 기분이 더 좋아지잖아요. 살롱 들어가는 길에 열쇠고리 같은 작은 선물을 사주기도 해요. 같은 말도 기분이 나쁠 때보다 기분 좋을 때 말하는 편이에요. "내가 지난번에 봤는데, 너 다 잘하고 있고 너무 좋아. 근데 조금만 더 웃으면 고객들도 기분 좋아지고 너만 찾을 것 같아. 조금만 웃자. 그거 하나만 부탁할게"라고 말하고 들여보내요. 신기한 게 뭔 줄 아세요? 이 직원이 다음부터는 웃어요. 업무에 관해서는 밥 먹으면서는 절대 안 하고, 아이스크림 먹고 올라오다가 딱 두 마디 하고 끝내요.

희선_ 면담은 근무시간에 주로 하나요? 따로 시간을 빼서 하나요?

이자벨라_ 직원이 원하는 대로 해줘요. 물어보면 "쉬는 날 밖에서 만날래요" 하는 직원이 있어요. 그러면 가까운 곳으로 나가서 식사를 하면 되고, 점심시간이 좋다는 직원은 '내 휴무는 건드리지 말아주세요'라는 뜻이니 존중해주면 돼요. 직원들의 마음을 물어보는 것에서부터 면담 퀄리티가 결정되는 것 같아요.

희선_ 이자벨라 원장님은 '독단'이 없는 분이시네요.

이자벨라_ 표정이 좋지 않거나 말수가 적어지는 직원이 있으면 힘든 건 없는지 물어봐요. 상담할 때 힘든 점은 중간이나 마지막에 물어보는 편이에요. 말하는 게 뭔가 고자질하는 것 같아서 말하기 힘든가 봐요. MZ들은 요즘 말보다 톡을 선호하잖아요.

그럼 저는 나중에 카톡으로 남겨도 괜찮고, 말하고 싶을 때 다시 얘기해도 된다고 해요. 굳이 만든 자리라고 할말을 캐내지는 않아요.

희선_ 그만두겠다고 말하면 어떻게 하시는지 궁금해지네요.

이자벨라_ 평소에는 티 안 내다가 둘만의 자리에서 "사실은 드릴 말씀이 있어요"라면서 퇴사 얘기를 꺼내는 직원들이 있어요. 그러면 저는 그걸 나이스하게 받아들여요. 내뱉는 순간 다시 삼킬 수가 없잖아요. 그래서 일단 그 자리에서는 더 이상 캐묻지 않아요. 대신 마음은 알아줘요. "그랬어? 나도 직원일 때 그만두고 싶을 때가 일주일에 한 번씩은 있었던 것 같아. 근데 또 사람 마음이 왔다 갔다 한다? 내일 고객한테 칭찬받고 팁 3만 원 받잖아, 그러면 마음이 바뀔걸? 매출이 많아져 봐, 그럼 또 바뀐다? 만약 1주일, 2주일, 3주일이 지나도 네 마음이 똑같으면 그때 확실히 얘기해줘. 다만 다른 사람이 들어올 때까지는 좀 기다렸다 빠져주면 좋겠어. 갑자기 얘기하진 말아야 해, 알았지?" 제 경험도 알려주고 부탁의 말도 해요. 마음이 바뀌는 직원도 있고 그냥 퇴사하는 직원도 있어요.

직원들이 퇴사 얘기를 꺼낼 때 막상 어떤 말을 어떻게 해줘야 할지 모르는 원장님들이 많다. 이자벨라 원장은 따뜻하면서도 조곤

조곤 팩트를 정확히 짚어주는 훌륭한 시나리오를 가지고 있었다. 1대1로 만나 커피를 마시면서 잘 들어준다고만 하면 그것까진 따라할 수 있겠는데 정작 대화를 이어가기가 쉽지 않다. 그런데 이자벨라 원장에게 구체적인 말을 들으니 숨통이 트이는 것 같았다. 연습을 하고 싶어도 연습할 '말'이 없어서 고민인 원장님들에게 충분히 공감이 되면서도 효과적인 팁이 될 듯했다. 이자벨라 원장은 직원들과 함께할 수 있는 활동인 만들기나 꾸미기 등을 통해서도 직원들의 또 다른 장점을 발견하고 칭찬하면서 친밀감을 쌓는다고 한다. 그걸 통해서도 직원들 간의 관계를 살핀다니 역시 관계의 달인이 맞는 것 같았다.

희선_ 혹시 '매출과 인성' 사이에서 갈등이 생길 때 어떤 직원을 선택하셨어요? 모든 리더들의 고민이죠.

이자벨라_ 사람들 간에 편을 가르거나, 부정적인 영향을 미치는 직원은 매출이 높아도 함께할 수 없어요. 그런 디자이너를 실제로 내보낸 적이 있어요. 원장인 저한테는 너무 잘하는데, 직원들 사이에선 트러블이 있었어요. 불러놓고, 미안한데 너는 참 괜찮은 사람이지만 내가 가려는 방향과는 맞지 않는다고 과감히 내보냈어요. 마침 본인도 힘들었다며 잘 받아들이고 퇴사했고요.

희선_ 다행이네요. 여기는 월초에 살롱마다 '성장 회의'가 있던데 어떤 건가요?

이자벨라_ 제가 원장이 되기 전부터 매출 회의라는 게 있었어요. 분기별로 하다가 매달 하면서 이름도 '성장 회의'로 바뀌었어요. 살롱마다 원장님 성향이 다 다르니 회의 분위기도 다 다르겠죠. 저는 그때 가장 '진지 모드'로 변합니다. 어떤 매장은 즐거운 분위기를 추구하고, 어떤 매장은 칭찬을 많이 해주기도 하는데, 매출 이야기를 전달할 때만큼은 저는 진지해요. 전체 직원이 착석해야 하고요. 매출이 떨어진 상황이면 직원들도 심각성을 느끼도록 무겁게 얘기하는 편이에요. 직원들이 매장 컨디션을 이해해야 서로 더 열심히 할 수 있다고 생각해요. 매장 운영을 위해 매출은 얼마가 나와야 하는지 알려주고, 그 이하로 떨어진 달은 서로 책임감을 느껴야 한다고 얘기해요. 다음 달에는 분명히 올라가야 하니 힘내자고 합니다.

희선_ 성장 회의의 좀더 구체적인 구성을 알려주시겠어요?

이자벨라_ 업무를 마치고 두 시간 정도 해요. 발표는 모든 직원이 5분 정도씩 합니다. 이걸 꾸준히 하니까 인턴들이 디자이너 승급 테스트 때 본인 작품 내용을 발표하는데 떨지도 않고 너무 잘하게 돼요. 아주 긍정적인 효과죠. 간접적으로 말하기 연습이 많이 된 거죠.

회의 때 발표할 주제는 미리 알려줘요. 예를 들어, 8월이라면

1) 7월에 만든 목표와 달성 결과
2) 8월의 기술 성장을 위한 연습 계획과 나의 노력 한 가지
3) 7월의 나에게 칭찬과 반성 한 가지씩, 그리고 감사한 분 이름 적기
4) 기억에 남는 명언, 나의 생각이나 기억에 남는 책과 구절, 내 생각

이렇게 발표를 해야 해요.
저에게는 3번, 4번이 중요해요. 3번에는 다른 사람이 등장하기 때문에 3번을 통해 우리 직원이 누구와 관계가 좋은지 알게 돼요. 4번의 경우는 마인드가 드러나기 때문에 중요하고요. 주제는 매달 바꿔요. 제가 고민한 다음, 함께 운영하는 데이지 원장님, 민지 매니저님과 상의하고 결정해요. 두 분이 큰 힘이 돼요.

희선_ 직원들이 더 열심히 하고 싶게 만들려면 성장 회의가 필수적이겠어요. 이자벨라 원장님이 봤을 때 조금만 열심히 하면 될 거 같은데 매출이 머물러 있는 직원이 있을 때 어떻게 동기 부여를 하세요?
이자벨라_ 매출이 올랐다 내리기를 반복하는 직원이 있어요. 그

럼 살짝 불러서 해주는 말이 있어요. "이번 달에 선생님한테 급여를 보내면서 속상했어. 지지난달에 급여 보낼 때는 진짜 기분이 좋았거든" 그렇게 제 솔직한 감정을 담아 전달해요.

희선_ 아! 제가 놓치고 있던 부분이에요. 'I message' 내 감정을 말해주는 것! 그럼 상대를 비난하지 않게 된다는 것을 알면서도 잊고 있었어요.

이자벨라_ 매출이 어떻다 말하지 않고 그냥 제 감정을 전해요. 다음 달에는 급여를 많이 보내고 싶으니 열심히 해보자고 하는 거죠. 본인도 한번 해보고 싶다고 하면 격려해주고, 매출이 오르는 방법도 다양하게 세 가지 정도 알려줘요.

희선_ 이자벨라 원장님은 요즘 MZ세대들이 함께 일하고 싶은 좋은 리더 조건을 다 가지고 계세요.

이자벨라_ 직원과 이야기하기 전에 먼저 제 생각을 정리해두고 직원이 궁금해하면 말해줘요. 예를 들면, 재방률이 낮으면 2+1 시술 제안하기, 커트를 2회 하면 1회는 어떤 서비스를 해줄 수 있을지 생각해 보라고 해요. 우리 숍에는 '트라이얼 카드'라는 쿠폰이 있어요. 1회, 2회, 3회 방문 때마다 디자이너별로 고객 혜택을 써넣을 수 있는 카드예요. 꼭 활용하라고 해요. 무슨 내용이 나갔는지 다 메모하고요. 두 번째 재방문을 유도하려면 혜택 내용을 문자 보낼 때 꼭 같이 보내라고 하는데 이걸 못하는 직원들이 있어요. 그럼 제가 카톡으로 내용을 써서 보내줘요. 그대로 복사해서 보내라고요.

이 정도면 원장이나 상사라기보다는 모든 걸 봐주고 사랑만 주는 그냥 엄마의 마음 아닌가 싶었다. 처음부터 잘하는 직원이 있을 리 없는데 리더들은 왜 그걸 못하냐, 생각이 없냐, 열정이 없냐 하면서 '하라'고만 하는 우를 범한다. 어쩌면 리더들에게 '지식의 저주'가 작동해서일 수도 있다. 내가 아니까 직원도 알 거라는… 자기 생각에 갇히는 경우다.

희선_ '트라이얼 카드'가 생소한데요, 좀 더 설명해주실 수 있을까요?
이자벨라_ 트라이얼 카드로 재방률이 조금 올랐어요. 아무래도 롯데월드 쪽 마트라서 잠깐 왔다가 가는 분들이 많아서 재방이 어려웠는데 2회, 3회 방문 때의 혜택이 더 좋으니까 오시더라고요. 트라이얼 카드는 BOB(보브) 클럽에서 《넥스트 리더》라는 책을 보고 힌트를 얻어 제작하게 되었어요. 보자마자 이건 해야겠다 싶어서 내용만 살짝 바꾼 거예요.
서비스 내용에는

- * 숏컷의 경우 아래 라인 정리는 무료
- * 상담 내용을 토대로 다음 시술 할인율 적어드리기
- * 샴푸 비용만 받고 라인 정리에 드라이까지 해주기
- * 간단한 네일케어 1회 무료 서비스 (이 매장에는 네일케어 선생님이 상주함)
- * 헤드스파는 (경험해봐야 회원권을 끊을 테니) 50% DC
- * 커트 사전예약 시 헤드스파 1회 무료체험 서비스

같은 걸 써요.

트라이얼 카드만 제가 만들어주고 내용은 본인이 알아서 적습니다. 물론 매니저와 검토는 해요. 말도 안 되게 하면 안 되니까요. 자율권을 주니 선생님들의 다양한 아이디어가 빛을 발하더라고요. 드라이를 자주 하는 분은 무료 드라이 서비스를 해주고, 앞머리 커트나 라인 정리도 서비스로 해줘요. 시술 중 나눈 이야기를 토대로 고객이 샴푸실에 있을 때 다음 서비스를 적어주는 거예요. 고객들이 의외로 이 카드를 잘 들고 다녀요. 회차에 맞는 서비스를 받으면 디자이너가 완료라고 써줍니다. 신규가 방문 고객이 되고, 고정 고객이 되는 과정에서는 '빈도'가 중요하거든요. 마지막으로 카드는 꼭 봉투에 넣어드리고요.

희선_ 직원과의 면담, 고객 유치를 위한 서비스, 모든 일에 정성

가득한 이자벨라 원장님은 직원 사랑도 남다를 것 같아요. 직원 성장을 위해서는 어떤 노력을 하세요?

이자벨라_ 교육에는 크게 기술 교육과 마인드 교육 두 가지가 있죠. 기술은 제가 잘하는 스타일링이나 업스타일은 제가 하고, 컬러를 잘하는 선생님, 열펌을 잘하는 선생님, 남자 스타일을 잘하는 선생님, 아이롱을 잘하는 선생님 다 따로 있고 기술 교육을 해주시죠.

처음 면접 때부터 연차별 교육 플랜을 보여주고 설명을 해줘요. 교육을 하는 쪽도 철저하게 준비하고, 받는 쪽도 집중해서 열심히 받도록 1대1 교육은 유료로 진행하고 있어요. 신청서도 작성하고, 교육이 끝나면 완료 확인서도 작성해서 기록으로 남겨두고 있어요. 처음부터 이런 시스템을 만들어서 운영했더니 저희 직원들은 서류 작성을 자연스럽게 생각해요.

희선_ 살롱이 아니라 회사 느낌이 물씬 나네요.

이자벨라_ 그런가요? (웃음) 두세 달에 한 번은 전체 교육을 진행해요. 전체 직원이 나와서 연습하고 봐주는 형식인데 이건 무료예요. 선생님이 먼저 '민정(가명)이 연습하는 건 내가 봐줄게' 하는 것도 무료예요. 하지만 직원이 정식으로 유료로 1대1 교육을 받고 싶다고 요청하면 선생님도 철저히 준비해서 옆에 붙어서 두세 시간 집중 교육을 해줍니다.

유료 교육을 하면서 느낀 점이 두 가지예요. 하나는 인턴들 눈에도 잘하는 선생님은 보인다는 것. 잘하는 사람들은 좀 느릴 때가 있어요. 꼼꼼하니까요. 하지만 시간이 지나면서 탄력이 붙어 매출 상승이 보이면 기쁘더라고요. 또 하나는 교육 신청을 보면 '관계'를 볼 수 있어요. 후배 인턴을 함께 성장시키려는 마음이 겸비된 선생님에게는 신청이 이어지는게 보이고, 그게 매장의 성장과 이어지더라고요.

희선_ 유료라고 해서 부정적인 의미로만 생각할 일이 아니네요. 최선의 노력을 다하기 위한 수단은 늘 필요하죠. 유료라는 수단을 통해 프로의 모습이 드러나고 사람들과의 바람직한 관계까지 연결이 되는 것 같네요.
원장님이 없어도 있는 듯 보이려면 직원들의 움직임이 일사불란하고 몸에 밴 자연스러움이 느껴져야 할 텐데요. 직원들은 얼마나 연습을 하나요?

이자벨라_ 우선, 제가 테크니션이다 보니 제품에 대한 완벽한 이해가 있기 전에는 절대 고객에게 사용하지 말라고 합니다. 고객에게 모르는 제품 실험하는 걸 제일 싫어해요. 직원들에게 항상 말합니다. 제품이 어떤 성분으로 만들어졌는지 숙지해야 한다, 시술자가 먼저 이 제품을 좋아해야 한다고 강조해요. 거짓으로 하지 말라고요. 제품 입고도 까다로운 편이고, 직원들은 늘 쪽지 시험을 봅니다. 계속 공부하고 연습하는 게 부담스러워 나가는 직원도 있지만, 테스트를 통과했을 때 스스로 성장했음을 느끼니 결과적으로는 정말 필요한 과정이라는 생각이 들어요.

다음으로는 롤플레잉 과제를 줍니다. 제품을 써보고 설명이 가능해야 제품을 판매하거나 시술할 수 있으니 연습 영상을 찍어오는 숙제를 내줘요. 장난처럼 하면 다시 하라고 합니다. 그냥 외워서는 안 돼요. 진심이 없으면 아무 소용없어요. 선생님들까지 쪽지 시험을 보게 하진 않지만, 메인 인턴이 통과를 못 하면 선생님 잘못이에요. 롤플레잉 영상을 통과한 직원은 사람들 앞에서 이름을 불러줘요. 통과 안 된 직원들은 따로 알려주고요.

클리닉 교육은 아침에 다 같이 모여서 해요. 교육만 받고 끝나면 안 되니까 전 직원이 출근하는 주말에 모여서 롤플레잉을 하고 제가 피드백을 해줍니다. '진심이 느껴지지 않는다', '연령대가 있는 고객들이 오니까 딱딱하고 형식적인 멘트 말고 이모나 엄마한테 하듯이 해봐' 피드백을 해줬더니 조금씩 바뀌더라고요.

롤플레잉은 정해놓고 하진 않지만 필요할 때마다 해요. 성장 회의 때 우리가 정한 프로모션이 매출로 연결이 안 되면 롤플레잉을 해보는 거예요. 내용은 좋은데 입에서 자연스럽게 나오지 않는 것뿐이니 주말에 한 시간 일찍 나와서 연습하도록 해요.

희선_ 이자벨라 원장님 직원들은 세심하게 하나씩 차근차근 배울 것 같아요. 갑작스러운 질문일 것도 같은데, 24년 차 원장님에게 성공이란? 행복이란? 무엇인지 궁금해졌어요. 직원들 이야기가 나올 때마다 표정이 밝아지셔서요.

이자벨라_ 요즘 들어 생각하는 성공이란 사람들과 웃으면서 행복하게 지내는 거예요. 저는 매장을 여러 개 하는 것도 꿈꾸지만 하나를 하더라도 행복한 게 좋아요. 작가님 보면 늘 행복해 보여서 좋아요. 요즘은 아침마다 출근이 하고 싶고, 신이 나요. 제가 제일 기분 좋을 때가 언제냐면, 휴무인 직원들이 나와서 연습하는 모습을 볼 때예요. 쉬는 날인데 왜 나왔냐고 하면 연습도 하고 놀다 가려고 그런다는데 너무 좋다고 표현해줘요. 많은 원장님들이 직원들의 퇴사 문제로 힘들어하시는 것 같아요. 그런 면에서 저는 참 행복한 원장 맞아요. 오픈 때부터 오랜시간 함께해준 데이지 원장님, 현조 수석실장님, 은주 실장님, 채연 실장님, 지은 실장님과의 인연은 너무나 특별하고 소중해요. 코로나로 어려운 시기에 매장을 이전했는데, 그때 저를 믿고 입사해주신 민지 매니저님, 이한 수석선생님, 예령 실장님은 저에게 큰 힘이 되고 있어요. 이분들이 있었기에 제가 이 자리에 있다고 생각해요. 너무 고맙고 감사하다고 얘기하고 싶어요.

희선_ 마지막으로 살롱을 준비하는 초보 원장님에게 '첫 단계에서 이건 너무 중요하다'라고 말씀해줄 것이 있다면요?

이자벨라_ 아무래도 재정적으로 준비가 되어 있어야 해요. 최악의 상황까지 고려해서 얼만큼 버틸 수 있는지 알아야 합니다. 항상 잘될 수는 없으니까요. 그리고 역시 같이할 직원들 간의 관계가 중요합니다. 오픈 전에 서로의 친밀감을 위한 워크숍은 꼭 필요해요. 제가 처음에 말한 것처럼요.

그동안 내가 했던 정리 정돈은 물건을 재배치하는 개념이었다. 힘들긴 한데 별로 달라지는 건 없기에 나는 정리 정돈을 못 하는 사람인 줄 알았다. 알고 보니 정리 정돈이란 불필요한 것을 버리고 필요한 것들만 두는 일이었다. 나는 버리질 못했던 것이다. 많은 리더가 직원들과 잘 지내는 방법을 궁금해한다. 그렇다면 가장 먼저 할 일은 자신이 고쳐야 할 부분부터 과감히 버리는 생각 정리이다. 본인은 변할 생각도 없으면서 직원들이 변하길 바란다면, 물건을 버릴 생각도 없으면서 정리 정돈을 하겠다는 것과 다름없다.

직원일 때는 잘하다가 리더가 되면 기대 이하가 되는 사람들이 꼭 있다. 똑같은 '나'이지만 리더가 되는 순간 리더십을 갖춘 다른 '나'가 필요한데 이럴 때 역할에 맞게 변하지 못한다면 그건 무능력과 다름없다. 직원들이 흔들릴 때나 흑백논리를 펼칠 때 리더는 유연성 있게 대처하고 흔들리지 않게 잡아줘야 한다. 그러려면 자신 역시 백 번 천 번 흔들려보고 흑백논리에서 벗어나본 경험을 통해 성숙해진 후에야 리더란 자리에 서야 한다. 사회생활 초창기의 나는 만나는 사람마다 나와 맞고 안 맞고를 심하게 구분 짓는 모난 사람이었다. 그때 만난 존경하는 사수의 한 마디 덕분에 나는 지금의 '유연한 사고'를 갖게 되었다. 그는 "세상에는 흰색도 있고 검은색도 있지만 회색도 있어. 그리고 오히려 회색의 사람들이 사회를 조화롭게 만들고 있다는 것도 기억해"라고 말했다. 그날부터 나의 세상에 회색이 더해졌다.

이자벨라 원장은 역시 준비된 리더였다. 그는 이미 여러 사람과 어울려야 하는 삶에서는 자신의 색을 잠시 접어두거나 버릴 줄 아는 유연함을 갖춘 듯했다. 원장의 자리에 오르고 나면 권한이 생기면서 생각보다 직원의 의견을 먼저 묻는 일이 쉽지 않아진다. 하지만 모든 일에 사람과의 '관계'를 최우선으로 여기는 이자벨라 원장은 직원들의 말을 경청하는 일이 좋은 관계로 들어서는 열쇠라고 믿는 것 같았다. 이자벨라 원장을 통해 경청의 힘, 부드러움 속의 카리스마, 부러지지 않는 유연함을 다시금 배운 시간이었다.

긍정마인드와 롤플레잉을 놀이처럼, 매니저의 동기부여

하희선 인터뷰집

마이준
헤어더뷰 성신여대점, 왕십리역점

긍정마인드와 롤플레잉을 놀이처럼, 매니저의 동기부여
- 더 좋은 매니저가 되기 위해 원장해요

살롱 | 헤어더뷰 성신여대점, 왕십리역점
원장 | 마이준
직원 | 원장 1명 + 매니저 3명 + 디자이너 23명 + 인턴 23명

헤어더뷰 본사에 들어가 교육 프로그램을 안내하던 날, 유난히 밝은 미소와 기분 좋은 리액션으로 나를 마음 편하게 만들어준 사람이 있었다. 현재 헤어더뷰 성신여대점과 왕십리역점을 운영하면서 다른 살롱 관리도 해주고 있는 마이준 원장이다. 20대 초반에 매장 관리를 해보고 싶어 J헤어 매니저로 일을 시작해 매니저로 승승장구하다가 더 좋은 매니저가 되려고 원장을 한다는 그의 마인드가 궁금했다.

2023년 7월 30일, 2023년 11월 3일 아침 7시 반 카페에서 마이준 원장을 만났다. 그는 인터뷰에서 어떤 말을 해야 할지 두근거려 전날 잠을 설쳤다며 설렘을 전했다. 요즘 어떻게 지내냐는 첫 질문에 "재미있어요"라며 웃는다. 다들 매출 때문에, 또 직원들이 안 구해져 힘들다는데 마 원장은 어떤 세상에 살기에 재미있다는 걸까? 그건 혼자만 긍정의 힘을 가진다고 되는 일이 아니다. 50여 명의 직원들이 다 즐거운 매장은 어떤 곳일까 궁금해졌다.

희선_ 제가 헤어더뷰 왕십리역점에 약속 없이 방문했던 날, 놀라셨죠? 왠지 원장님이라면 반갑게 맞이해주실 것 같았어요. 그때 고객에게 직접 차를 서비스하시는 모습이 인상적이던데, 보통 인턴이 하는 일이라 제게는 신선한 충격이었달까요.

마이준_ 제 고객들에게는 그게 당연하다고 생각해요. 제 선배님도 제가 인턴일 때 고객에게 차를 직접 대접하셨기 때문에 저도 그렇게 하고 있어요. 우리 살롱은 차 서비스 전에 '웰컴 티'부터 나가는 걸 매뉴얼화 했는데 이게 아주 중요해요.

희선_ 안그래도 작은 잔에 나가는 음료가 궁금했어요. 웰컴 티와 커피에 차이가 있나요?

마이준_ 네. 저희는 고객이 오면 첫 방문이든 재방문이든 5분 정도는 잠깐 대기하도록 해요. 여기엔 여러 의미가 있어요. 고객이 오자마자 "저 시간 없는데, 커트 얼마나 걸려요?" 하더라도 급하게 커트를 시작하지 않고 단 5분이라도 숨 돌리는 시간을 만들어 우리의 분위기를 알리려고 해요.

희선_ 아, 그럼 '일부러' 그러는 거예요? 마케팅이군요.

마이준_ 네. 정신없이 머리만 하고 가지 않았으면 하는 마음이거든요. 우선은 고객 스스로 이곳의 분위기를 먼저 보게 하는 목적이 있어요. 자리도 정해져 있어요. 우리 살롱 전체 또는 우리 직원의 움직임이 많이 노출되는 곳에 앉게 해요. 다 보이게요.

희선_ 생각지도 못했어요.

마이준_ 직원들이 일하는 모습도 보고, 직원들의 태도도 보면서 우리 살롱이 괜찮다는 걸 보여주고 싶은 거예요. 그러니까 고객도 바쁘게 머리만 하고 가지 말고 살롱을 봐주면 좋겠어요.

희선_ 5분의 시간 안에 이런 깊은 뜻이 담겨 있군요.

마이준_ 웰컴 티 한 잔 드시는 단 5분, 우리 직원들이 바빠도 한가해도 항상 만드는 시간이에요.

희선_ 진짜 바쁜 고객이 와서 시간이 없다고 해도 앉혀놓나요?

마이준_ 솔직히 바빠서 빨리 해야 한다는 사람도 5분은 기다려요. 제가 생각하는 운영 원칙은 '우리가 정한 건 꾸준히 해보자'예요. 여러 이유로 안 하다 보면 이 5분의 여유 시간을 아무도 지키지 않을 거예요.

헤어더뷰 성신여대점 같은 경우 한 달에 3천 명 정도의 고객이 오는데 3천 명 모든 고객이 다 그렇게 할 수 있게 만들고, 다른 부분도 하나씩 만들어서 자리 잡게 해요. 여기는 매장이 2, 3층에 있는데 여기 직원들은 시술이 끝나면 1층까지 내려가서 배웅 인사를 해요. 인사를 하는 자리도 정해져 있어요. 직원들에게는 고객이 뒤돌아서 한 발짝, 두 발짝, 세 발짝 발걸음을 옮길 때까지 지켜본 다음에 올라오도록 제가 정했어요. "안녕히 가세요" 인사하고 바로 등 돌리고 올라오면 안 됩니다.

희선_ 마이준 원장님을 이제부터 '매뉴얼 마'라고 불러야겠어요. (웃음) 저는 개인적으로 공감이 돼요. 이런 세세한 매뉴얼, 너무 중요하죠.

마이준_ 헤어더뷰에서 오픈 매장 교육할 때 제가 롤플레잉 담당이에요. 매뉴얼적인 걸 좋아하기도 하고 애착이 있어요. 오픈하는 살롱이 있으면 처음 보는 직원들에게도 인사하는 자리를 정해주고 '오늘은 롤플레잉 할 것' 하면서 교육을 진행해요. 대부분 데스크에서 결제만 하고 "들어가세요. 다음에 또 뵐게요" 하는 경우가 많은데, 저는 무조건 1층까지 내려가게 하고 그 위치를 정해줘요. (창밖을 가리키며) 저기가 살롱이라면 인사하는 위치는 저기예요.

희선_ 오! 사람들이 쳐다보네요? 직원들이 인사를 하는 자리는 지나가는 사람들이 보면서 '뭐지? 누군데 인사를 저렇게 하지? 저 사람은 누군데 인사를 받지?' 호기심을 갖고 쳐다볼 수 있는 자리였군요?

마이준_ 맞아요, 지나가는 사람들이 무조건 쳐다봐요. 특히 성

헤어더뷰 성신여대점, 왕십리역점

신여대점에서는 직원들이 1층에서 인사를 마치고 헤어살롱으로 올라가면 엄청 많이 쳐다봐요. 마케팅 효과도 있다고 생각해요. 성신여대점은 위치가 장점이죠. 그런 부분에서 헤어더뷰 왕십리역점은 좀 아쉬워요. 지하철을 타러 가는 길목, 지하 2층에 자리하고 있어서 고객들이 많이 못 보니까요. 그래서 왕십리역점은 직원들에게 고객과 함께 매장을 나가서 열 걸음을 걸어가자고 했어요. 정해놓은 것보다 좀 더 갈 수도 있는 거고요. 이번에 들어온 초급 디자이너가 진짜 딱 열 걸음을 가서 아쉽긴 했어요. 저라면 고객이 지하철 타고 간다고 하면 개찰구까지 함께 걸어갈 거예요. 매장에서 개찰구가 보일 정도니까 그렇게 멀진 않거든요. 고객이 너무 좋고 함께하는 것이 재미있고 즐겁다면 자연스럽게 이야기하면서 조금 더 걸어가는 거죠. 성신여대점은 3층에서 1층까지 내려가기도 하는데 말이에요.

간혹 직원들이 그래요. 고객들이 정말 괜찮다고, 심지어 싫다고 정색하면 안 내려가도 괜찮냐고요. 고객이 싫어한다는 뜻은 맞죠. 예전부터 저도 듣던 말이라 가끔 고민은 해요. 그런데 저는 그럼에도 불구하고 하는 게 시작이라고 생각해요.

희선_ 우리가 정한 위치까지는 함께 간다. 그리고 고객이 돌아서서 세 발걸음 가고 나면 우리는 올라간다! 직원들의 동선 하나하나가 응대고 서비스이면서 마케팅이네요.

마이준_ 네. 경험상 이 정도로 자세하게 정해두지 않고 그냥 나가서 인사하자고 하면 절대 진행이 안 되더라고요. 헤어더뷰에서 교육하면서 많이 느끼고 있어요. 자리를 정해놓지 않으면 자꾸 본인이 정한 아무 자리에서나 인사하고 이야기하다가 고객에게 "안녕히 가세요" 인사하고 바로 돌아온단 말이에요. 고객이 뒤를 돌아보는 경우가 있었는데 보기가 안 좋았어요.

인사에 대한 중요성은 아무리 강조해도 지나치지 않는다. 마이준 원장의 디테일한 인사 교육을 듣다 보니 나도 화장품 회사에 다니면서 백화점 매장 직원들에게 교육할 때가 생각났다. 백화점에는 우리 매장만 있는 게 아니라서 사방에서 고객들이 오는데 매장 앞에 온 고객들에게만 인사하는 건 이미 늦은 응대라고 생각했다. 멀리서부터 해야 하는 맞이 인사도 중요하고, 또 매장을 떠날 때 배웅 인사도 중요했다. 대기 고객이 있을 때야 어쩔 수 없지만 대기 고객이 없다면 카운터 바깥으로 나가 고객의 뒷모습이 멀리 사라질 때까지 인사를 해야 한다고 교육했다. 마 원장 말처럼 고객이 가다가 뒤를 돌아봤을 때 자기의 뒷모습을 바라봐주는 직원이 있다면 기분이 좋지 않겠는가. 그런 고객은 또 방문할 확률이 높다.
일본에 출장을 갈 때마다 나리타공항에서 리무진을 타면 기사가 내려서 트렁크에 짐을 옮겨주고 버스가 떠날 때까지 손을 흔들며 인사를 해준다. 처음엔 그 모습이 낯설었지만, 몇 번 겪고 나니 나중에는 같이 인사를 하곤 했다. 한국에서는 볼 수 없는 광경이다. 누군가는 이걸 시간 낭비라고 할 수 있겠지만, 고객의 입장에서는 마음이 안정되고 누군가에게 내가 소중한 존재구나 확대 해석까지 되는 행복한 시간이 된다.

희선_ 마이준 원장님의 말씀에 너무 동의가 되네요.
마이준_ 관찰하면서 체크하고 직원들과 실행하다 보니 하나씩 더 플러스가 돼요. 처음에는 나가서 인사만 하자였어요. 아까 말씀드린 웰컴 티는 미용실 오픈하기 전에 생각했던 거예요. 병원에 간 적이 있는데, 환자가 저밖에 없어서 바로 진료하면 될 텐데 기다리게 하더라고요. 왜 이렇게 앉혀놓지? 생각했어요. 그러다 어느 날 의사인 친구한테 궁금해서 물어봤죠. 병원에 환자가 나밖에 없는데 왜 5분, 10분을 앉혀놓는 거냐고 물어보니까 상황마다 다르긴 하지만 앉아 있으면서 그동안 안내 데스크 아래 여러 가지 안내 문구들을 보게 된다는 거예요. 의학 정보일 수도 있고 병원에서 마케팅하는 주사의 종류, 효능 같은 내용을 볼 수도 있는 거죠. 일부러 환자들에게 그런 시간을 만들기도 한다고 하더라고요.

희선_ 그럴 수 있겠네요.
마이준_ 이거다 싶었어요. 그렇게 시작을 한 것 같아요. 어떻게 보면 고객 맞춤 서비스가 중요하긴 하지만 정작 헤어살롱에서 "커트 바로 되나요?" 했을 때 "가능해요, 바로 해드릴게요" 하면서 머리만 해주는 곳의 느낌이, 저는 별로였어요.

희선_ 뭔가 인스턴트 느낌이긴 해요. 서로의 관계성은 무시되는 경향도 있고요. 아, 이거 점점 심오해지는 건가요?
마이준_ 우리 매장의 존재, 저의 존재 이유는 고객에게 감동을 주는 서비스를 하기 위함이라는 걸 알리고 싶은데, 곧장 시술로 들어가버리면 우리 매장의 색깔이 너무 안 보이는 거예요. 그냥 머리는 해주는 곳인 느낌이 저는 아쉬워요.

희선_ 맞아요. 고객이 감동하지 않으면 언제든 또 다른 곳으로 가도 되는 일회성 살롱이 되는 거죠.
마이준_ 직원들 입장에서는 고객의 니즈도 중요하니 맞춰야 하지 않냐며 저한테 계속 물어봐요. 전 어쨌든 고객들이 모르고 있는 우리 살롱만의 색다른 경험을 계속 제공해 드리고 싶어요.

희선_ 머리만 빠르게 하고 가고 싶다고 생각하는 고객에게 색다른 경험을 하게 하고 싶다, 여기엔 마이준 원장님만의 철학이 더 있을 것만 같아요.
마이준_ 지금까지 미용실은 그저 머리만 하는 곳이라고 생각했던 고객에게 우리가 여러가지 서비스를 제공함으로써 고객에게 미용실에 대한 다양한 가치를 전달하고 싶어요.

희선_ 마이준 원장님은 미용을 정말 사랑하시나 봐요.

마이준_ 그런가요? 평생 동네 미용실을 다녀본 사람은 계속 동네 미용실만 다니겠죠. 그 사람이 우리 헤어더뷰라는 브랜드를 그냥 왕십리에 있는 동네 미용실로 알고 왔다가 '여긴 좀 다르네. 동네 미용실도 이렇게 다를 수 있구나.' 이렇게 생각하면 좋겠어요. 단순히 우리 숍이 다르다는 걸 떠나 헤어살롱에 대한 인식을 좀 바꿔놓고 싶어요. 그게 우리가 해야 할 일이라고 직원들에게 말해요.

희선_ 웰컴 티도 신선하고 차를 직접 서빙하는 모습도 놀라웠는데 마이준 원장님은 이게 즐겁다고 하시면서 저한테 매니저 출신이라고 하셨죠. 미용도 안 하신 분이 매니저 해서 힘들었겠다고 했더니 또 재밌었다고 하시는 거예요. 그때 저는 마이준 원장님께 미용이 천직이라는 걸 딱 알았어요. 옷도 정장 수트를 입어서 더 프로페셔널해 보였어요. 다들 편한 복장을 선호하는데 수트를 입은 모습이 인상적이었어요.

마이준_ 직원들한테 늘 하는 말이 있어요. 매니저, 인턴, 디자이너 중에 뭐가 제일 좋았냐면 매니저였다고. 저는 되도록 정장을 입고 일해요. 이런 복장으로 일하면 모든 동작이 조금 더 고급스러워진달까요? 염색을 바를 때도 정장에 약이 튀지 않게 하려고 조심스럽게 도포해요. 물론 자주 하다 보면 또 익숙해지지만요.

희선_ 편한 옷이 나쁘다는 건 아니지만, 내가 편해지려다 보니 점점 프로답지 않은 복장으로 일하는 분들이 많아지는 것 같아서요. 역시 마인드, 태도 다 멋지십니다. 마이준 원장님은 처음에 어떤 계기로 헤어살롱 매니저가 되셨어요?

마이준_ 경영학과 학생이었어요. 군대 갔다 와서 복학해야 하는데 다시 학교로 돌아가기가 너무 싫은 거예요. 휴학하고 무슨 일을 할까 고민을 했죠. 당시 저는 '매장 관리'가 너무 하고 싶었어요. 지금 할 줄 아는 게 아무것도 없는데, 매장 관리를 한다는 게 말이 안 되는데, 무작정 매장 관리를 하고 싶었던 거예요.

희선_ 염색도 못 하는데 염색하고 싶은 인턴, 마음은 이미 인플루언서 디자이너, 그런 느낌인가요?

마이준_ 꼭 미용실이 아니라도 어떤 매장이든 자체 관리를 해보고 싶었던 거예요. 스물두 살 때였는데 '관리' 업무에 관심이 있어 구인 광고를 찾다가 우연히 J헤어에서 올린 매장 관리 구인 광고를 봤어요. 제대한 직후라 빡빡머리로 가서 면접을 보고 매니저를 시작하게 되었어요.

희선_ 아무것도 모르는데 헤어살롱의 매니저가 힘들진 않았어요?

마이준_ 이런 말하면 어떨지 모르겠지만 저는 사람들이 힘들다, 어렵다라는 말에 공감을 잘 못 하는 편이에요. 저는 항상 즐거운 일이 더 많아요. 그래도 공감하는 척은 해요.

희선_ 저도 사실 월요병이 뭔지 모르겠어요. 30년 넘게 일하면서 한 번도 월요병이 없었던 사람이고 출근이 즐거워서 월요병을 말하는 분들에게 공감은 못 하지만 그래도 공감해 줘야 해요. 공감하는 척은 했다는 말, 깊이 공감합니다. 원장님 같은 분들도 꽤 계실 거예요.

마이준_ 저는 매니저 생활이 너무 재미있었어요. 제가 하는 행동으로 상대방이 미소를 짓고 기분이 좋아지면 행복하더라고요. 1년 동안 궂은일 다하면서 일하다 보니 원장님께 인정 받아서 매장을 진짜 관리하는 사람이 됐어요. 직원이 열다섯 명 정도였는데 스물세 살밖에 안 된 저에게 서른 살 디자이너 실장도 와서 본인의 고충을 이야기하고 방법을 의논해요. 어떻게 해야 더 성장할 수 있을까 물어보기도 하고요. 미용에 열정을 가진 분들이 그렇게 멋있더라고요.

희선_ 다행히 매장에 좋은 분들만 있었나 봐요. 미용 기술 없이 관리만 하면 무시당하는 경우도 있던데요.

마이준_ 누군가는 그랬을 거예요. 그럴 때일수록 더 낮은 자세로 이 사람이 필요로 하는 사람이 되는 게 중요해요. 제가 어리니까 실장님이 저를 무시할 수도 있어요. 그래서 저는 필요한 게 있으면 무조건 돕고, 다른 일을 하면서도 저 선생님이 뭐가 필요할지 계속 생각하면서 그 부분을 도왔어요. 선생님이 식사를 못 하면, 당시 월급이 적어서 제가 살 수 있는 게 삼각김밥밖에 없었는데, 그거 사서 "식사 못 하셨을 텐데 이거 드세요" 하면서 챙겨줬고요. 저는 이런 걸 원래 좋아하는 사람이에요. 목적 없이 했어요. 잘 보이려고 하는 그런 마음 절대 없이요. 이 사람을 내 편으로 만들어야겠다는 생각도 없어요. 그냥 지금 시간이 몇 시인데 아직도 밥을 못 먹었을까, 내 형편에 삼각김밥 사는 건 가능하니까 그걸 했던 거예요.

희선_ 아, 마이준 원장님 같은 직원 어디 없을까요. 이런 마음은 진짜 소중하죠. 삼각김밥 받은 선생님이 감동했겠어요.

마이준_ 삼각김밥 드시라고 하고, 제가 염색 발랐어요. 저는 그런 행동들을 원래 좋아하고 많이 하는 편인데 제 진심을 알아주면서 사람들이 인정해주고, 그러면서 저한테 의지하게 되고 그랬던 것 같아요. 살롱에서 제가 인턴보다도 동생일 만큼 제일 어렸는데도 말예요.

희선 마이준 원장님의 진심이 통한 거죠. 물론 진심을 가식으로 보는 사람들이 있기도 하죠. 그럴 때 진심이었던 사람은 잠깐 상처는 받겠지만 여전히 똑같이 행동해요. 여기서 가식이었던 분들은 멈추죠. 그 차이예요.
매니저를 하다 어떻게 원장님까지 하게 되신 거예요? 혹시 디자이너일 땐 하이퍼포머였나요?

마이준_ 2,500만 원 정도 매출을 했으니까 하이퍼포머였다고 할 수 있을까요? 저는 원장 하려고 미용 기술을 배웠어요. 여전히 매니저 역할이 너무 좋아요. 저보고 매니저, 인턴, 디자이너 중에서 뭐 할래? 하면 전 무조건 매니저예요.
매니저를 2년 넘게 하다 보니 제 성향이랑 너무 잘 맞는 거예요. 전 이 사람들을 케어하고 같이 움직이는 게 너무 좋은데 기술력이 없으니까 더 좋은 매니저가 되기 위해 인턴을 해야겠다고 마음 먹었어요. 기술 면에서도 디자이너들하고 공감하고 싶어서요. 모르니까 제가 기술적으로는 도와줄 게 없더라고요. 디자이너가 펌 말아줄 사람이 필요할 때 난 펌을 말 줄 몰라서 속상했어요.

희선 더 좋은 매니저가 되기 위해 인턴을 했고, 더 좋은 매니저가 되기 위해 원장도 했다라는 거죠?

마이준_ 원장이 된 지금도 저는 매니저 역할을 하는 거예요. 사실 매니저가 하는 일이 관리잖아요. 우리 매니저들한테 당신들은 저와 같은 역할을 하고 있는 거라고 말해줘요. 저는 제가 빛나는 것보다 타인을 빛내주는 일이 더 행복한 사람이에요.

희선_ 훌륭한 서포터즈네요.

마이준_ 저는 사람도 좋아하고 남을 돕는 일도 원래 좋아해요. 당시 생각은 인턴까지만 하고 디자이너 하지 말고 다시 매니저로 돌아가자였어요. 주위에서 그래도 디자이너 생활을 1년 정도는 해야지 그 마음을 이해할 수 있다고 하기에, 그럼 디자이너 1년만 하고 매니저로 돌아가자 했어요. 막상 하다 보니까 내가 차라리 원장을 하면 되겠는데? 싶은 거예요. 경제력도 있으면 좋겠단 생각도 들고요. 디자이너로 매출도 높으니까 그런 생각을 하게 된 거죠.

희선_ 특이한 동기로 미용계에 들어왔고 원장이 되셨네요. 디자이너로 성장하면서 매출이 많아지면 고정급인 매니저로 돌아가기도 쉬운 일은 아니었을 테고요. 현실적으로 그렇잖아요.

마이준_ 저는 그때 진짜 매니저 일이 너무 좋았어요. 사실 숫자 개념도 크지 않았고요.

희선_ 마이준 원장님은 매장 관리가 좋은 거예요, 사람들하고 함께 이야기하는 게 좋은 거예요? 몇 번을 마이준 원장님을 만나보지만 원장님의 사람에 대한 관심과 애정은 정말 남달라요.
마이준_ 사람들하고 얘기할 수 있는 상황이 좋아요. 어딘가 고장 나면 저한테 도움을 요청하는 것도 좋고, 고쳐주면 감탄하고 좋아하는 것도 너무 행복해요. 그래서 더 좋은 매니저가 되고 싶었어요.

희선_ 원장님이 지금 너무 신나게 말씀하셔서 저까지 웃게 돼요. 최고의 서번트 리더십을 갖고 계신 것 같아요. 함께 일하는 직원분들이 얼마나 든든했을까요? 언제든 부르면 나타나는 슈퍼맨이 있으니까요.
마이준_ 인턴 하다가 디자이너 하면서부터는 어차피 원장이나 매니저나 하는 역할은 똑같다고 생각했어요. 저는 매장 운영할 때 매니저들한테 권한과 책임을 제일 많이 줘요. 매니저들하고 열두 시간을 함께 지내니까요.

희선_ 매니저에 대한 마이준 원장님의 생각을 듣고 싶어요. 요즘 원장님들 중에는 분명히 매니저의 일이 필요하다고 생각은 하면서도 쉽게 구해지지 않으니 안 뽑기도 하고, 아예 처음부터 매니저 없이 운영하는 분들도 있거든요. 마이준 원장님께

'매니저가 필요한 이유'를 듣고 싶어요.

마이준_ 사실 일하면서 매니저가 없는 살롱에서 일해본 적이 없어서 잘 모르겠어요. 매니저가 없다는 건 상상조차 안 되는데요? 어떻게 매장에 총책임자가 없지? 원장이 매니저 역할을 하는 건 이해를 하겠어요. 그런데 원장도 테크니션으로 일하고, 거기다 외부 활동까지 많이 하는 원장이라면 대신해서 이 매장을 관리하는 매니저는 꼭 있어야 해요.
매니저 업무를 디자이너 점장이나 실장이 대체하면 결국은 일의 결과가 기울어진다고 생각해요. 매니저는 객관적으로 모든 사람을 판단할 수 있는 위치여야 하는데 디자이너가 겸업하면 본인들이 디자이너이기 때문에 조금이라도 유리한 쪽으로 가게 될 거예요. 팔은 안으로 굽거든요.

희선_ 객관성을 잃게 된다는 뜻이군요.

마이준_ 매니저가 정말 중요하고 필요한 존재라고 생각하는 거죠. 운동으로 따지면 디자이너 점장이나 실장은 플레이어들이죠. 직접 경기를 뛰어야 하는 사람들이요. 거기에 코치와 감독이 따로 필요한 겁니다.

희선_ 감독은 원장님이고 코치는 매니저인 거죠.

마이준_ 맞아요. 그렇게 생각합니다.

희선_ 이건 좀 껄끄러운 이야기이긴 한데요. 매니저의 동기부여가 좀 어려운 것 같아요. 처음에는 CS 매니저라는 큰 뜻을 품고 입사하는데 하는 일은 단순 계산 업무에 그쳐서 그만두는 경우가 많아요. 디자이너는 성장하는데 자기는 성장이 어렵고 권한도 없으니 그만두는 거죠. 마이준 원장님은 매니저들에게 어떻게 동기부여를 해주시나요?

마이준_ 아무래도 제가 매니저 출신이니까 매니저의 중요성을 잘 알아주죠. 제 경험을 이야기해주기 때문에 서로 공감이 잘 되고요. 저도 '캐셔' 소리 많이 들었어요. 같은 살롱 안에서 디자이너들이 바라보는 그런 시선이 싫은 거예요. 계산하다 오류가 나면 매니저가 돈 좀 덜 받았나 의심도 받고요. 저도 예전에 종종 그랬어요. 그래서 전 캐셔를 뽑은 게 아니라 '매니저'를 채용한 거라고 말해줘요. 저희는 계산도 매니저가 하지 않아요. 디자이너들이 각자 해요.

어쩌면 원장님들이 매니저한테 할 업무를 주지 않아서 캐셔밖에 못 했던 거예요. 권한을 다 주고 책임도 다 주면 할 일이 정말 많아요. 거의 원장급으로 일해요. 그러니까 제가 하는 역할하고 똑같은 거예요. 저는 데스크에 있지 말고 데스크 밖으로 나오라고 해요. "데스크에 있지 말고 나오세요. 매니저이지 캐셔가 아니예요. 데스크에 있으면 캐셔가 되는 거예요."라고 말해요. 나와서 살롱 내에 어떤 문제가 있는지, 직원들이 지금 어떻게 일을 하고 있는지 보라고 해요. 오히려 한가한 디자이너들이 데스크에 있죠. 접객을 해야 하니까요. 매니저들은 계속 움직이면서 체크하고 돌아다녀요. 직원들이 필요로 하는 게 뭔가 보고요. 저는 그게 매니저의 역할이라고 생각해요.

희선_ 역할을 좀 더 크게 주시네요. 그럼 배움도 커지고 성장도 되겠어요. 디자이너들은 인센티브제로 해서 급여가 많아지는데, 혹시 매니저도 별도의 인센티브가 있나요?

마이준_ 아니요. 지금은 없어요. 올해부터는 시작할 생각이에요. 매니저 급여로만 따지면 높지 않아요. 저도 고민이었어요. 저 역시 오너로서 경제적인 비전 제시가 잘 안 되기도 하고요. 두 개 매장에 총 세 명의 매니저가 있어요. (성신여대점이 두 명의 매니저) 이분들이 다 디자이너 출신이에요. 디자이너일 때는 지금보다 더 높은 급여를 받았죠. 지금 매니저 하는 분들은 리더가 꿈이에요. 경영에 관심이 많아요. 급여를 떠나 매니저 업무를 미래의 경영을 배우는 시간으로 생각해요. 언젠가 정말 멋진 리더들이 될 거라고 믿어요.
살롱 운영을 하려면 돈이 많이 들고 현실은 부족하고, 그래서 매니저들에게도 인센티브 제도를 도입할 예정이에요.

희선_ 매출 대비로 주시면 아무래도 지금보다 급여가 더 좋아지겠네요. 원장님의 이런 시도가 널리 퍼지면 좋겠어요. 마이준 원장님은 매니저 역할을 거의 원장님과 동격이라고 했는데 어떤 권한을 주고 계신가요?

마이준_ 저는 거의 모든 권한을 다 주고 있어요. 마감, 직원들 롤 플레잉도 다 맡겨요. 들어와서 처음 시작하는 매니저한테 오자마자 다 하라고 할 수는 없으니까 옆에 두고 제가 하는 걸 다 보게 해요. 만약에 제가 디자이너들하고 1대1 미팅을 하면 그 내용을 다 공유해 줍니다. 두 시간 동안 나눈 이야기를 다 알려줘요. 그 외에도 제가 하는 모든 걸 다 알려줘요. 저의 우선 과제는 매니저를 똑똑하게 만들어주기입니다. 원장으로서 제가 공지할 내용이 있으면 매니저한테 하라고 합니다. 매니저가 별도로 공지할 내용이 있으면 제가 6개월 정도 트레이닝해 줍니다. 공지하기 전에 제가 다 봐주는 거예요. 그렇다고 제가 다 만들어주는 건 아니고, 먼저 만들도록 하고 수정도 해주고 제 의견도 넣어서 완성시키는 거죠. 전달은 매니저의 입을 통해 나가게 하고요.

희선_ 원장의 생각을 매니저의 입을 통해 말하게 하면서 매니저의 위치를 만들어주는 거네요.

마이준_ 맞아요. 매뉴얼로 정확히 따지면 3개월 동안은 제 일을 옆에서 계속 보게 해요. 제가 하는 걸 다 연습시켜요. 그리고 4

개월 차부터 실전에서 해보도록 하는데 말하기 전에 저한테 컨펌받고 하게 해요. 발표 전에는 롤플레잉도 해요. 예를 들면, 고객에게 실수했을 때 어떻게 말할 건지 물어보고, 내용만 말하지 말고 말투까지 똑같이 해보라고 하는 거예요. 만나지 못하는 경우엔 전화로라도요. 제가 들어보고, 거기서는 감정을 좀 빼고, 거기서는 이런 말을 더 넣어서, 이렇게 말하는 게 좋겠다고 세세하게 알려줘요.

희선_ 준비하는 과정에서의 롤플레잉도 중요하고 이런 디테일도 중요하죠.

마이준_ 그렇게 얘기를 해줘야 매니저들이 배워요. 그들도 이런 자세한 피드백과 가르침을 원해요. 제가 3개월 동안은 이들에게 좋은 모습을 정말 많이 보여줘야 해요. 이 기간에 매니저들이 우리 원장님 정말 멋있다, 나도 저 사람처럼 되고 싶다는 생각을 하게 해야 하니까요.

희선_ 원장님은 지금도 좋은데, **3개월 동안은 더 좋은 사람이 되겠어요.**

마이준_ 진짜 더욱더 잘해줘요. (웃음) 우리 직원들을 다 좋아하지만, 저는 매니저들을 더 좋아해요. 3개월 동안 정말 친해져요. 매니저들하고 수시로 전화하고 아주 편한 사이가 됩니다. 그 후로는 매니저가 전달할 내용을 제가 들어보고 수정해주고의 반복이에요. 예를 들어 리뷰에 악플이 있는 경우 디자이너가 댓글을 다는 것도 코칭을 해줘야 하거든요. 그럴 때 매니저가 저한테 보내주면 제가 수정을 해서 매니저한테 줘요. 그걸 디자이너에게 코칭하도록요. 선생님들이 보면 매니저 생각인 것처럼 보이는 게 목표예요.

희선_ 매니저가 할 수 있는 건 하고, 어렵다 싶은 부분에 대해서는 원장님이 키다리 아저씨가 되어 주는 거네요. 시스템화는 최고인데, 마이준 원장님 일이 너무 많아지겠는데요.
마이준_ 그렇게 6개월 정도 하고 나면 저한테 물어보지 말고 한번 해보라고 해요. 그러다 정 안 되겠다 싶은 건 저한테 다시 컨펌받고 이런 식으로 조금씩 나아가요. 매니저들이 6개월 동안 정말 많이 성장해요. 고마운 건 우리 매니저들은 직원들과 사이가 너무 좋다는 거예요.

희선_ 원장님이 매니저의 역할들을 잘 만들었기 때문에 매장에서 매니저와 직원들 사이에 문제가 발생하진 않죠?
마이준_ 그래도 사람이 모인 곳이라 간혹 문제가 있긴 해요. 말투, 표정, 제스처 이런 사소한 것에서요.

희선_ 좀전에 매니저들한테 디자이너와의 인터뷰 내용도 다 전달한다고 하셨는데, 그중에 매니저에 대한 불만이 나올 수도 있을 텐데, 그럴 땐 어떻게 하세요?

마이준_ 제가 중간 역할을 하는 거죠. 저는 믿어요. 디자이너가 그렇게 말했다 해도 서로를 싫어해서가 아니라는 걸요. 오해가 있을 뿐이죠. 저는 오해를 풀어주는 역할을 하는 겁니다. "진짜 너무 속상하겠다. 근데 내가 아는 명지(가명)는 그런 뜻이 아니었을 거야. 둘이 대화를 많이 해봤으면 좋겠어"라고 해요.

희선_ 원장님의 업무 중에 난이도가 제일 높아 보이는데요. 직원들이 원장님을 신뢰하고 좋아하지 않으면 불가능한 중재인 거 아시죠?? (웃음)

마이준_ 저도 더 성장하고 발전하려면 이런 역할은 매니저들한테 넘겨줘야 해요. 제 일을 대신할 매니저들이 더 단단해지고 프로가 되어야 한다는 생각이 많이 들어요. 저 역시 직원들의 성장과 살롱 발전을 위해서 계속 배워야 하고요. 월마다 디자이너 미팅을 하는데 매니저들 미팅만 하는 달도 있어요.

희선_ 미팅할 때 주제는 뭔가요? 어떤 식으로 하는지도 궁금해요. 디자이너분들이 많은데 1대1로 하면 한 달이 모자라지 않나요?

마이준_ 디자이너 1대 1 미팅 전날엔 준비를 정말 많이 해요. 일단 미팅이 잡히면 그 친구를 일주일 동안 세심하게 관찰해요. 성과적인 부분에 대해서도 분석하고 주변 사람들한테 그 친구에 관해 물어보면서 심리 상태도 미리 체크해요. 미팅은 두 시간을 해요. 처음 30분은 소소한 이야기를 나누고, 다음 30분은 디자이너의 이야기를 들어줘요. 제가 한 시간 정도 말하긴 하는데 때마다 달라지기도 하고요. 매출에 대한 이야기를 메인으로 하지는 않아요. 니즈 파악에 더 신경을 많이 써요, 매출이 저조하다면 왜 이렇게 매출이 떨어졌냐고 다그치지 않고 무슨 일이 있었는지, 심리 상태를 물어봐요. "난 네가 즐겁고 행복하게 일했으면 좋겠어. 매출까지 오르면 더 좋고. 그럼 더 멋진 삶을 살 수 있을 거야"라고 말하곤 해요. 얘기할 때는 디자이너에게 포커스를 맞춰서 이야기하는 편이고요. 그리고 저는 관찰할 때 사소한 동작을 다 보는 편이라 디자이너의 행동에 대해서도 조언을 해줘요. 의자 내리고 올릴 때 조금 더 천천히 하라든지, 빗질할 때 보니까 두피를 너무 긁는다고 일러준다든지요.

희선_ 미팅 전에 디자이너들 관찰하는 시간이 어마어마하겠어요. 평소에도 관심이 많겠지만요. 정말 사람을 좋아하지 않으면 일이 아니라 노동이 될 거예요.

마이준_ 두 개 지점에 현재 디자이너가 23명이에요. 미팅이 잡혔다고 특별하게 보는 게 아니라 이전에도 알고 있던 걸 더 유심히 보는 거예요. 제가 매일 두 매장에 가지는 못 하니까 방문할 때 더 많이 신경을 쓰는 거죠. 어떤 피드백을 해줄까 고민하면서 데이터를 많이 쌓아놓고 이야기를 하는 편이에요. 당장 눈앞에 보이는 걸 이야기하거나 감으로 하지는 않아요.
정말 고마운 건, 제가 가능한 시간을 알려주면 본인들이 편한 시간으로 한두 명 빼고 알아서 잡아줘요.

희선_ 북토크 때 직원들 텐션 보고 진짜 놀랐어요. 11시 오픈인데 7시에 오픈 준비를 다 해놓고 처음 만났는데 마치 알고 지내던 사이처럼 밝게 맞이해주고 웃어주는데 직원들 표정이 정말 인상 깊었어요. 그날 현장 스케치를 SNS에 올렸더니 다들 표정에 대해 말씀하시더라고요. 이거 실화냐며. 이런 기운들이 매출에도 연결되는 거예요. '함께'의 힘을 보여주는 거고요. 지금 원장님이 운영하는 왕십리역점, 성신여대점이 헤어더뷰 중에서도 매출이 높죠? 그 비결을 듣고 싶어요.

마이준_ 왕십리역점은 이전에 P브랜드가 월 평균 2,500만 원 하던 매장을 2022년 3월 1일 인수하고 4월 1일 오픈했어요. 제가 오픈하면서 첫 달에 7,000만 원을 하고 오픈 4개월 후에 1억을 했어요.

희선_ 그런 용기는 어디서 나오나요? 지하 2층인데요. 지하철 타러 가는 사람들이 많기는 하지만 바쁘게 스쳐 가는 사람들이 더 많은 곳인데, 그게 가능한 매출인가요? 오픈 프로모션은 뭘 하셨어요? 위치상으로도 고객에게 보이는 곳이 아니잖아요. 반짝 오픈 행사가 아니라 지금까지 계속 좋아지고 있는 걸 보면 어떤 비법이 있을 듯합니다.

마이준_ 프로모션은 없었고요, 인수할 때 기존 고객이 600명은 있었어요. 오픈하니까 좀 더 오셔서 첫 달에 900명이 오셨어요. 특별한 행사가 없었는데 오픈 달에 7,000만 원을 했고 4개월 만에 1억을 하고 다음엔 9개월 만에 1억 5,000만 원을 했어요. 매출도 매출이지만, 제가 중요하게 생각하고 자부심을 느끼는 건 고객이 계속 늘고 있다는 점이에요. 매출만 올라가는 건 큰 의미가 없다고 생각해요. 중요하게 생각하는 지표는 고객들이 한 달에 몇 명씩 늘고 있는지예요. 신규로 숫자를 늘리는 것보다 재방문율을 늘리는 게 중요하잖아요. 그래서 고객 충성도를 높여야 한다고 생각해요. 1년 반 동안 신규 고객 수도 계속 늘고 있어서 감사하고, 다행이기도 하고요.

희선_ 맞아요. 신규에만 신경 쓰면 고정 고객에 소홀해질 수 있고, 고정 고객만 잡고 있으면 유지는 되지만 성장이 어렵죠. 마이준 원장님만의 성장 비결은 성신여대점에서 잘해본 자신감이었을까요?

마이준_ 성신여대점도 3년 반 전에 처음 시작할 때는 매출이 1,400만 원이었어요. 당시 제가 계약한다고 했을 때 사람들이 그 지역은 이제 안 되는 곳이라며 얼마나 말렸는지 몰라요. 처음엔 2층만 썼어요. 고객이 없으니까 3층까지 오픈할 필요가 없어서 3층은 사무실 겸 직원들 휴게실로 사용했죠. 첫 달에 1,400만 원 하고 감사하게도 이후 3,000만 원, 4,000만 원, 5,000만 원 이렇게 매출이 오르면서 지금은 2억이 조금 안 돼요. (인터뷰를 마친 후인 2023년 12월에 3억을 했다)

희선_ 방문했을 때 생각보다 좁았어요. **2층**으로 오르는 계단, 2층에서 **3층**으로 올라가는 곳도 좀 불편하다고 느꼈고요. 그곳에서 얼마 전에는 **1년 차 디자이너가 6,000만 원** 매출했다고 해서 너무 놀랐어요. 불편한데도 고객이 오는 이유는 뭘까요? 흔히 우리는 위치가 좋지 않아서, 공간이 좁아서, 천장이 낮아서 등등 말도 안 되는 이유로 변명을 하죠. 그런데 왕십리역점도 그렇고 성신여대점도 그렇고 대로변, **1층**, 통유리, 주차시설 중에 아무것도 갖춰진 게 없는 곳이잖아요.

마이준_ 하하, 맞아요. 2023년 12월에 다시 한 번 최고 매출을 찍어보자고 직원들이 먼저 말해줬어요. 성신여대점은 평수로 따지면 서류상 72평이지만 옥상 빼고 50평인 셈인데 2층, 3

층 나누면 각각 25평 정도 되는 거예요. 처음에 다들 이 정도면 7,000만 원 하기도 힘들다고 했는데 1억 하고, 1억 5,000만 원 하고 2억 하니까 조금씩 궁금해하긴 해요. 내년엔 평균 2억을 목표로 하고 있어요.

희선_ 억대 매장으로 끌어올린 힘이 궁금합니다.
마이준_ 힘이요? 그냥, 무조건 우리 직원들이죠. 직원들이 다 한 거예요.

마이준 원장은 성공의 모든 공을 직원들에게 돌렸다. 하지만 나는 안다. 마이준 원장의 리더십이 큰 역할을 했으리라는 것을. 화장품 회사에서 17년간 제품 교육을 했지만 제품만 교육해서는 판매에 큰 도움이 되지 않았다. 고객의 니즈를 파악하고, 고객과 직원이 친해지고, 고객이 제품을 사고 싶게 말하고, 제품이 고객의 손에 전달되기까지의 모든 과정을 교육하고 매번 롤플레잉 하고 몸에 배게 연습하는 일이 훨씬 더 중요했다. 화장품 업계에서 헤어업계로 넘어와 교육을 하면서 놀랐던 건 기술 교육은 차고 넘치는데, 고객을 응대하는 기술이나 다시 찾아오게 하는 과정에 대한 연습이 턱없이 부족했다. 마이준 원장이 직원들을 세세히 관찰하고 건네는 조언은 고객을 끄는 힘이 되었을 것이며, 마이준 원장의 세심한 매뉴얼과 연습에 연습을 반복하는 성실함은 매장의 경쟁력을

이끌었을 터였다.

희선_ 직원들에게 롤플레잉을 많이 시키신다고 들었어요. 어떻게 하시는지 듣고 싶어요.
마이준_ 맞아요. 제가 롤플레잉을 정말 좋아해요. 그냥 앉아 있다가도 앞에 있는 디자이너에게 고객이 없으면 다가가서 "안녕하세요? 저 오늘 머리 하려고 왔는데요" 하고 말을 걸어요. 롤플레잉의 시작이죠.

희선_ 멍하니 있던 디자이너는 당황스럽겠어요. 그런데 원장님이 하는 방법은 놀이 같고 틀에 얽매이지 않아서 좋은 것 같아요. '교육' 시간에는 다들 경직되어 있고 틀리면 안 될 것 같은데, 오히려 원장님 방법이라면 부담 없이 할 수 있겠다는 생각도 드네요.
마이준_ 그렇죠. 처음 직원들 반응은 "저, 이런 거 못 해요"였어요. 그럼 저는 그냥 노는 거라고 해요. 우선은 롤플레잉이 재미있다는 인식을 심어주려 했어요. 직원들도 롤플레잉이 중요한 건 아는데 생각보다 이걸 잘 못해요.

희선_ 해본 적이 없으니까 어색하겠죠. 정답만 말해야 할 것 같아서 부담스럽기도 하고요.

마이준_ 맞아요. 제가 디자이너에게 "재영(가명)이는 고객에게 어떻게 상담해?"라고 물으면 상담한 내용은 말로 들을 수 있어요. 하지만 상담할 때의 눈빛과 말투, 동작은 절대 알 수가 없죠. 저 또한 그걸 말로만으로는 알려줄 수가 없는 거예요. 그래서 성신여대점 오픈하고 처음 1년 동안은 3층을 교육장으로도 썼어요. 출근하면 인사하고 항상 3층으로 올라갔어요. 직원들에게도 딱히 할 게 없으면 올라오라고 해서 3층에서 우리만의 미용실 놀이를 했어요. 3층 영업하기 전까지 일주일에 4~5번은 미팅하고, 거울 앞에서 롤플레잉도 하고, 함께하는 시간을 정말 많이 가졌었어요. 그랬던 친구들이 이제 다른 지점 원장으로 근무하는 데도 여전히 함께하는 시간이 많아요. 휴무 때는 식사도 같이 하고, 마감 때는 다 같이 모여서 새벽까지 마감도 해요. 물론 혼자 하면 더 빨리 마칠 수 있지만 같이 하는 즐거움을 즐기는 거예요.

희선_ 다른 본부장님들도 다 이렇게 하세요?

마이준_ 성향에 따라 달라요. 그런데 전 후배 원장들에게 본부장이란 호칭도 쓰지 말라고 해요. 이유는 단 하나인데, 쓰면 불편하니까요. 제가 일하면서 중요하게 생각하는 게 바로 '재미'예요.

희선_ 너무 흔한 말이죠. "일에 재미를 느끼는 사람을 이기지 못

한다." 여기서도 증명이 되네요.

마이준_ 얼마 전 월 마감 때 후배 원장들과 모여서 일을 하는데, 저한테 자꾸 놀려고만 하냐면서 일이 진전이 안 된다고 그래요. 다음부터는 안 오겠대요. 그러고 또 올 거면서요.
가끔 직원은 너무 예쁜데, 청소가 안 되어 있을 때가 있어요. 그럴 때 저는 문제를 지적하지 않아요. 화를 내는 대신에 청소가 안 되어 있는 곳에 그냥 가서 앉아요. 예를 들면, 창틀에 먼지가 뽀얗다면 "얘들아, 이거 봐봐. 고객이 아름다운 풍경을 봐야 하는데 먼지가 보이면 감성이 깨지잖아." 이런 식으로 말해요.

희선 원장님이 웃으면서 좋은 말투로 말하면 직원들도 웃고 말겠어요. 사실 이런 이야기는 서로 좋아하고 편해야 할 수 있는 것 같아요. 불편한 사이는 어떤 말도 가시로 받아들일 수 있죠. "청소하라고 하면 되지, 왜 저렇게 돌려서 말해?"라고 오해를 살 수도 있고요.

마이준_ 저는 후배들과 직원들이 정말 예쁘고 좋아요. 제가 항상 하는 말이 있는데 원장이 되어서 좋은 점이, 내가 좋아하고 사랑하는 사람들하고만 일할 수 있다는 거예요. 제가 디자이너라면 원장을 고를 수가 없잖아요. 저는 원래도 사람을 별로 싫어하거나 하진 않지만, 성향이 다를 수는 있으니까요. 예전에 매니저로 일할 때 원장님 성향이 저랑 너무 달랐거든요. 조금 힘들었었는데, 지금은 우리 매장의 직원들과 잘 어울릴 수 있는, 이기적이지 않은 사람들을 뽑고 다 같이 일할 수 있어서 좋아요.

희선_ 롤플레잉에 대해 좀더 이야기를 해보고 싶어요. 마이준 원장님은 지금 운영하는 두 개 살롱 외에 오픈하는 살롱에서도 롤플레잉을 담당하신다고 했죠? 신규 매장에서 교육할 때 반응도 궁금하고 마이준 원장님의 생각도 궁금해요.

마이준_ 사실 처음에는 다들 낯을 많이 가리죠. 부끄러워하고요. 그래서 제가 먼저 시범을 보여요. 제가 먼저 하면 분위기도 자연스러워지고 좋아져요. 분위기가 중요하다고 생각하기 때문에 조금은 어색할 수도 있는 직원들 간의 조금 차가운 공기감을 좀 빼주려고 일부러 재밌는 상황도 만들고 그렇게 진행해요. 저한텐 당연한 일인데, 고객을 대하는 태도가 생각보다 미흡한 친구들이 많아요.

희선_ 직원들은 롤플레잉이 거의 처음이라고 하지 않나요?

마이준_ 맞아요. 처음이라고 해요. 저는 그게 너무 아쉬운 거예요. 다들 어색해하고요. 저는 응대 흐름 전체를 하지 않고 맞이하기, 샴푸실 이동, 계산하기 등 부분적으로 나눠서 실습해요. 오픈하는 살롱에서 오전 9시부터 교육하고 오후 3시에 오픈하는데 언젠가 한 번은 '맞이하기'만 해야 할 것 같다고 한 적이 있어요. 어떻게 이런 텐션으로 고객을 맞이할 수 있을까? 너무 고민이 되었던 날이었어요. 그래서 계속 다시 하자고 하면서 반복했어요.

A, B, C, D팀으로 나눠서 A팀이 먼저 나와서 고객과 데스크에 있는 직원 역할로 연습해요. 처음에는 어색해하는데 하다 보면 조금 더 풀어져요.

희선_ 다섯 시간으로는 롤플레잉이 너무 짧지 않나요?

마이준_ 우리 살롱의 가장 큰 장점이라면, 롤플레잉에 익숙해요. 한 달 롤플레잉 교육 일정이 나오고 주제는 매번 달라져요. 성신여대점 오픈한 지 3년 반이 넘었는데 아직도 연습하고 있어요. 강사님이 책 〈고객은 스펙보다 태도에 끌린다〉에서 말씀하신 것처럼 '어깨를 살짝 앞으로 기울이며 이야기한다' 이런 디테일을 하나하나 알려줘요. 저는 '맞이'도 영혼 없이 "안녕하세요? 헤어더뷰입니다"가 아니라 우리가 간절히 고객을 기다리고 있었다는 말투와 톤으로 보여줍니다. 롤플레잉은 매일 아침 20분간 무조건 해요. 저는 이때를 시간을 때우는 의미 없는 시간으로 보내지 말고 자신을 위한 스터디, 자기 계발 시간으로 여기라고 말해줘요.

희선_ 매일 꾸준히 롤플레잉을 하는 살롱이라니, 부끄러울 것도 어색할 것도 없겠네요. 제 경험에 비추어 봐도 반복적으로 연습하고 연습한 대로 현장에서 경험을 쌓다 보면 어느새 멋진 경력자가 되어 있어요. 연습은 배신하지 않아요. 연습의 시간을 버티는 게 어려울 뿐이죠.

마이준_ 우리 직원들은 다들 일찍 나와줘서 감사해요. 11시 오픈인데 어떤 살롱은 직원들이 11시에 출근한다고 해서 놀랐어요. 11시에 디자이너는 근무를 시작하고 인턴은 청소를 한대요. 일부 원장님들은 직원들을 일찍 나오게 하면 나중에 법적인 문제로 커질까 봐 염려해요. 저는 혹여 어떤 불미스러운 일이 생기더라도 지금처럼 계속할 생각이에요. 왜냐하면 그냥 '해!'가 아니라 이걸 왜 해야 하는지 이해하면 돼요. 우리가 다른 숍과는 다른 응대 활동을 하니까 고객들도 좋아해 주는 거잖아요. 이렇게 한다고 우리 월급이 더 오르지 않는다는 건 인턴들도 알아요. 그래도 디자이너가 매출을 더 많이 해서 더 많은 고객을 맞이해보게 되면 이건 인턴들의 경험이 되잖아요. 어디에서 어떤 교육으로 성장했는지에 따라 미래가 전혀 달라진다는 말을 정말 많이 해줘요.

희선_ 보고 배우는 간접 경험도 큰 공부죠. 지난 번 제 북토크 때 마이준 원장님 직원들이 오픈 시간보다 세 시간이나 일찍 와서도 놀랐는데, 거기에 메이크업과 복장 상태도 훌륭하고 무엇보다 표정이 너무 밝아서 더 놀랐어요. 이런 곳이 존재하는구나 싶더라고요. 매장도 없는 제가 왜 그렇게 부러웠는지요.

마이준_ 저는 면접 볼 때 다 이야기해요. 어제도 면접을 봤는데 늘 같은 이야기를 해요. 우리 매장은 정말 바쁘다. 밖에서 보면 네이버 리뷰도 많고 인스타도 하니까 여기서 한번 일해볼까? 이런 마음이라면 하지 않아도 된다. 여기 정말 힘들다. 하지만 남들과는 다른, 멋있고 존경받는 디자이너가 되고 싶다면 잘 온 거다. 그리고 교육 시간에 대해서도 다 안내해요. 그걸 해낼 자신이 있으면 여기서 일할 수 있다고 하죠. 마지막으로 한 번 더 강조해요. 이 모든 건 원장인 나를 위해서가 아니다. 나랑 일해보면 원장을 위한 건지, 본인을 위한 건지 느끼게 될 것이다.

희선 제가 옆에서 지켜본 결과, 마이준 원장님과 직원들의 관계는 좀 보기 드문 관계이긴 해요. 저, 마이준 원장님께는 매뉴얼에 대해 더 묻고 싶어요. 시스템화에 너무 필요해서 그런가 봐요. 오픈 매장에서 롤플레잉을 할 때 매장 응대 흐름에 따라 다른 상황들이 생기잖아요. 상황마다 더 세세한 매뉴얼이 따로 있나요?

마이준_ 매뉴얼은 따로 없지만, 상황별로 우리가 어떤 행동을 해야 하는지 알려주고 연습할 정도의 디렉션은 줘요.

희선_ 예전에 성신여대점 샴푸실로 이동할 때 원장님께서 거기서 쓰는 멘트를 알려주셨어요. 그때 저 감동했잖아요. 긍정의 마인드를 가진 원장님이 참 대단해 보였었는데 소개해주세요.

마이준_ 저는 불편함을 불평하기보다 오히려 그걸 이용해서 고객과 더 많은 대화를 할 수 있는 게 좋아요. 그런 면에서 왕십리역점은 숍 안이 평지라 고객에게 많은 이야기를 할 기회가 부족해 아쉬워요. 성신여대점에 가면 큰 턱이 하나 있고 지나서 샴푸실 들어가기 전에 아주 작은 턱이 또 하나 있어요. 근데 바닥 대리석이 다 똑같이 생겨서 고객들이 걸어가다가 많이 걸려요. 선생님들이 넘어질 뻔하기도 하고요. 근데 저는 고객과 샴푸실로 이동할 때마다 한마디라도 더 할 수 있게 되어서 오히려 불편한 게 더 좋았어요. 멘트를 정했죠. 같이 걸어가다가 "턱이 있으니 조심하셔야 해요. 조금 불편하겠지만, 샴푸실 들어가서 더 시원한 샴푸 서비스를 해드릴게요"라며 고객을 보살피고 친해질 수 있는 멘트를 하게 되어 있어요. 사실 본사에서는 턱이 있는 부분을 구분하라고 제안을 했는데 제가 안 했어요.

희선_ 왜 안 했어요? 안 하면 위험한 거 아닌가요?

마이준_ 그럼 직원들이 아무 말도 안 하니까요. 신경 써서 체크하지 않으면 무조건 걸리니까 조심하시라는 말을 할 수밖에 없잖아요. 그 턱 옆에 의자가 있는데, 제가 거기 앉아서, 지나가다

고객이 턱에 걸리면 응대하던 직원은 바로 퇴사라고 해요. 우스갯소리로 하긴 했죠. 걸리는 순간 그냥 짐 싸서 나가면 된다고 했어요. 이건 고객에 대한 너무 기본적인 마인드고 서비스니까요. 사람들은 이 이야기를 들으면 웃지만 저는 고객을 생각하는 마음만 있으면 되는 일이라고 생각해요. 젊은 분들이 선호하는 술집에 가면 서비스 멘트를 글로 붙여놨던데, 저는 개인적으로 별로 좋아하지 않아요. '추우시면 담요 말씀하세요', '핸드폰 서비스 충전해 드려요', 코로나 때 마스크 갖다 놓고 '한 장씩 가져가세요', '사용한 마스크는 여기에 버리세요' 많더라고요. 저는 감정 없이 써놓은 글보다 말로 챙겨드리는 걸 선호해요. 그걸로 어필하는 겁니다.

희선_ 이 정도면 원장님의 운영 원칙이 궁금하지 않을 수 없는데요. 살롱 운영에서 가장 중요하게 생각하시는 게 뭔가요?
마이준_ 중요하게 생각하는 건 많아요. 그중에는 여전히 고민인 것도 있고요. 일단 구성원들의 마음, 서로를 이해하는 마음이요. 단합되면 좋겠지만 크게 바라진 않아요. 그냥 함께 일하는 사람들이 서로를 이해하는 마음만 있으면 좋겠어요.

희선_ 가장 쉬운 것 같으면서도 가장 어려운 게 마음. 사실 마음이 전부죠.

마이준_ 같이 일하는 디자이너 중에는 MBTI로 봤을 때 T인 친구들이 있는데, 그들이 배우고 싶은 건 마이준의 '경영방식'이에요. 과정, 마음, 관계 이런 걸 중요하게 생각하는 저와는 완전히 다른 성향이고 그러니 결도 아주 다르죠. (MBTI는 마이어스Myers와 브릭스Briggs가 융Jung의 심리 유형론을 토대로 고안한 자기 보고식 성격 유형 검사. T는 객관적인 사실에 주목하며 분석적으로 판단하고자 한다) 제가 누군가와 미팅하면 '무슨 이야기를 했는지'를 궁금해하고, 어떤 상황에서 '뭘 해야 하는지'만 물어요. 결과가 중요한가 봐요. 그래서 제가 말했죠. "왜 나한테 자꾸 정답을 찾으려고 하니? 나한테 물어보지 말고 그냥 스며들어. 내가 하는 걸 느끼기만 하면 돼. 그건 정답이 없고 마음을 알아야 하는 거야. 너는 자꾸 머리로 하려고 하는데 일은 마음으로 하는 거야." 이런 이야기를 많이 해줘요.

희선_ T 성향에게는 마음을 기대하기가 좀 어려운 부분이 있긴 해요.

마이준_ 그러니까요. 자꾸 마음을 쓰라는데 뭘 하라는 거냐며 정확한 말로 표현해달라는데 이건 말로는 해줄 수가 없다고 하니 또 왜 그렇게 비밀이 많냐는 거예요. 정말 웃기죠? 비밀도 아니고 아무것도 아닌데 말이에요. 내가 하라는 말과 행동이 다 맞지 않을 수도 있다, 상대방을 사랑하는 마음, 상대방의 성장을 진심으로 바라는 마음을 밑바탕에 두고 말하는 것과 그냥 말하는 건 달라서 정답을 알려줄 수가 없다고 말해요. 정답은 없다고 하는데도 그들은 계속 찾고요.

희선_ 마음을 이야기하다가 비밀 요원이 되셨네요. 이런 마음을 가지고 싶을 땐 이런 표정을 지어야 한다는 매뉴얼이 필요할 수도 있겠네요. 입을 몇 센티미터 올려보세요. 그럼 이런 표정이 되고 이런 마음이 생겨요. 이런 식으로요. (웃음)

마이준_ 안타까운 건, 이런 친구들은 바른말도 잘하고 틀린 말도 안 하는데 따르는 친구가 없다는 거예요.

희선_ 마음을 얻지 못한 결과죠. 흔히 기술이나 매출로 함께 일하고 싶은 사람이 되는 건 한계가 있어요.

마이준_ 아까도 말씀드렸듯이 저는 운영하면서 '구성원들의 마음'이 중요하니까 이 부분에 신경을 많이 써요. 이야기도 많이 하고요. 전체적으로 개선해 나가려고 노력해요. 직원들에게도 제가 꿈꾸는 살롱과 분위기에 대해 시간 날 때마다 이야기해요. 한 달에 한 번씩 직원들하고 밥 먹고 카페 갔다가 한 3시쯤에 돌아와요. 그러면서 미팅하고요. 또 매니저 미팅, 개인 미팅도 다 한 달에 한 번씩은 하고 있네요.

희선_ 원장님은 디자이너들 미팅도 거의 매일 하시고 본사 미팅에, 교육에 바쁜 일정을 보내시는데 고객 시술도 하시잖아요. 개인적인 일은 언제 하세요?

마이준_ 디자이너 미팅은 오전에 합니다. 개인 미팅은 오전 9시 또는 11시에 해요. 9시부터 11시, 11시부터 1시, 하루에 두 명은 할 수 있잖아요. 만약에 시간이 없으면 저녁에 하기도 해요. 저는 언제든 괜찮으니까요. 그랬더니 어떤 선생님이 오전 7시에 미팅 시간을 잡더라고요. 보통 시술은 금, 토, 일만 하고 다른 시간에는 교육을 가요. 요즘에는 한 달에 한 번씩은 업무협약이 되어 있는 대학교에 가서 커트 교육해주고 외부 활동을 하는데 헤어더뷰 브랜드가 성장하는 과정이라 내부 교육에도 힘을 쏟고 있어요.

희선_ 마이준 원장님은 앞으로 어떤 매장을 만들고 싶으세요?

마이준_ 저는 헤어살롱을 일터가 아닌 놀이터로 만들고 싶어요. 사실 제가 만들고 싶은 살롱을 운영하려고 원장 하는 거예요. 예전에 미용하는 친구들 보면 힘들게 원장이 되고 나서 갑질을 하더라고요. 안 좋은 모습을 너무 많이 본 것 같아요. 돈으로 모든 걸 따지고 직원들을 소모품 취급하고, 정말 부끄러운 일입니다. 저는 원장을 위한 매장 말고, 직원들을 위한 매장을 만들고 싶다는 생각을 항상 했던 것 같아요.

회의 때 자주 하는 말인데, 나는 돈 많이 벌려고 원장 하는 사람 아닙니다. 이건 디자이너 때도 같은 생각이었고 지금 원장이 되어서도 바뀌지 않았어요. 단순히 돈 많이 벌려고 미용하는 게 아니라 본인이 하는 일에 대한 가치를 알기를 바랍니다. 고객에게 머리해주는 일이 우리 일의 전부가 아님을 얘기하고 싶었는데, 그러려면 내 매장이 있어야 했어요. 그런 얘기를 하고 싶어서 하는 거예요. 누가 시켜서 하는 거 아니잖아요. 우리가 스스로 선택한 일에 보람을 많이 느꼈으면 해요. 헤어디자이너라는 직업이 정말 가치 있는 일이라는 걸 알면 좋겠어요.

고객들 니즈를 파악해서 머리를 예쁘게 해주면, 고객이 느끼는 행복함으로 우리는 보람을 느끼고 이런 긍정의 선순환들이 세상도 바꿀 수 있다고 생각해요. 저는요, 기분이 좋아지면 타인을 대하는 마음과 시선이 더 넉넉해지고 선해지는 것과 같아요. 우리가 타인을 그렇게 만들어주는 거예요. 너무 멋진 일 아니에요?

희선_ 아주 이상적이죠. 저도 헤어 디자이너라는 직업의 가치는 본인이 만드는 거라고 생각해요. 그런 분들이 많아지면 헤어 업계가 더 존경과 존중을 받을 거예요. 마이준 원장님의 말씀을 듣다 보니 누군가는 원장님은 지금 잘 되니까 저렇게 돈보다 가치를 말하는 거라고 하실 분들이 있을 것 같아요.

마이준_ 맞아요. 부정은 못 하겠어요. 제가 디자이너 2년 차였을 때는 월급이 100만 원 정도였는데, 디자이너 열 명 중에 제가 제일 못했어요. 그때 비하면 지금은 잘 버는 거 맞아요. 처음엔 생각보다 돈이 안 되더라고요. 제가 좀 못했어요. 하지만 그때도 저는 헤어 디자이너라는 직업에 대한 자부심은 아주 컸었어요. 제가 디자이너가 되면서 저 스스로에게 거는 기대가 컸었어요. 그런데 실력이 부족하다 보니 주변에 비슷한 사람들끼리 어울리게 되고, 이야기 주제는 매출 좋은 사람들의 험담 쪽으로 가더라고요. 매출이 높은 사람 중에 외부적으로는 주목받고 인정받지만, 간혹 내부에서는 그렇지 않은 경우들이 있어요. 그 많은 매출을 올리려고 인턴도 혼자 다 쓴다더라, 저렇게 되기 싫다 그러는데 저는 그런 이야기를 하는 사람들끼리 있어야 하는 분위기 자체가 너무 창피했어요. 정작 난 그 매출도 못 올리니까요. 매출을 많이 하면서도 그런 사람이 아니라는 걸 보여주려면 우선은 매출해야죠. 착한 사람들은 매출도 하지 못한다는 인식이 너무 싫었어요. 그래? 그럼 내가 보여줄게! 라며 다짐을 하게 되었어요. 그리고 그 이후부터는 계속 1등을 했죠.

희선_ 놀라워요. 과정을 듣지 않고서는 믿기 힘들 정도예요. 월급이 100만 원 정도였던 분이 1등을 하게 된 과정을 알려주세요. 우리는 과정이 궁금하고 필요합니다.

마이준_ 어떤 분들은 천천히 바뀌면 된다고 하지만 전 달랐어요. 미친 듯이 해서 한번에 바뀌어야 한다고 생각했어요. 제가 매출은 높지 않았지만, 고객수는 많았어요. 단지 세일즈를 못 하는 디자이너였을 뿐이죠. 이렇게는 안 되겠다고 결심한 후에는 매출이 좋은 분들과 미팅을 많이 했어요. 그리고 그들이 시키는 것만 했어요. 난 저렇게까지는 하고 싶지 않은데…. 이런 마음은 일단 접고 다 받아들였어요. 그러고나니 정말 드라마틱하게 변했어요.

희선_ 드라마틱하게요? 어떻게요? 조금 더 자세하게 말씀해 주세요!

마이준_ 스타일로 말하자면 예전에는 제 색깔에 맞지 않는 옷을 입었던 거예요. 그때 잠깐이요. 예를 들어, 염색 고객이 와요. 제가 봤을 때는 저렴한 염색을 해도 되는데 비싼 걸 제안하는 업셀링이 저한테 안 맞았어요. 하지만 월급 100만 원을 받으면서 내가 헤어디자이너의 자부심 운운하고 변화를 만들겠다는 게 말이 안 되잖아요. 보여줘야 한다는 마음이 들어서 3개월 동안 엄청나게 노력하긴 했는데, 심적으로 그때 너무 힘들었어요. 그러다가 헤어더뷰 디자이너로 이직했고, 그때 드라마틱하게 변한 거예요.

이직하고 첫 달부터 1,000만 원을 하게 됐어요. 그런데 사실 제가 헤어더뷰 인터뷰에서 1,500만 원을 한다고 부풀려 이야기했던 터라 저는 1,000만 원 매출하고 너무 기뻤지만 절대 티를 낼 수 없었어요. (웃음) 오픈 매장인데 처음에 1,000만 원을 하고 곧 1,500만 원을 하고 6개월 만에 2,300만 원을 하게 돼요. 입사하고 3개월이 너무 힘들었어요. 왜냐하면 내 모습이 아니니까. 그런데 고객들에게 비싼 가격을 제안하려면 제가 원래 하던 것보다 여러 면에서 더 잘해드려야 되잖아요. 영업시간도 늘렸어요. 9시에 끝나면 전 12시에 들어가는 거예요. 새벽 2시에도 고객 시술을 했어요. 저녁 9시 반 정도에도 어느 고객이 들어와서 "안 되죠?"라고 물으면 저는 괜찮다고 했어요. 근데 제가 혼자라서 시간이 좀 걸릴 수 있다고 하면서 "1시에 끝날 것 같은데 괜찮으세요? 저는 괜찮아요. 저는 해드리고 싶어요. 고객님이 늦을까 봐요." 그랬는데 고객이 괜찮다 해서 저는 해드렸어요. 그렇게 했어요.

희선_ 그러니까 매출이 오르죠. 그게 불법은 아니잖아요.

마이준_ 대신 저는 매장 규율에 어긋나는 일은 하지 않았어요. 늦게까지 일하는 거 원장님께 허락받고 한 거죠. 그렇게 해서 그 매출을 하고 나니까 그 안에서 배운 게 너무 많았어요. 억지로 남의 옷을 입은 터라 3개월 동안 정말 힘들었지만요. 처음엔 몰라서 따라 하느라고 다른 사람들 방식을 썼지만 3개월이 지난

후부터는 저만의 방식을 만들어나갔어요. 그래서 처음에 거부하지 않고 받아들인 게 저는 더 잘했다고 생각해요. 그런데 지금 봐도 그때 제가 배운 분들하고 저는 너무 달라요. 저는 미용일을 '영업'이라고 하고 싶지 않고 여전히 '강매'도 못하겠어요.

희선_ 맞아요. 영업과 강매 없이도 마음에 끌려서 구매해주고 지갑 여는 분들을 만들면 되는 거예요. 제가 마이준 원장님 만나러 왕십리역점에 온 이유도 바로 그런 게 아닐까 싶어요. 제가 원장님을 처음 본 게 본사 회의 때였죠. 그때 원장님의 표정은 다른 분들과 완전히 달랐어요. 계속 눈을 동그랗게 뜨고 경청하며 미소 지어주셨어요. 저는 그런 분들을 보면 마음이 가게 되던데요? 만약 그때 원장님이 시큰둥한 표정으로 계셨다면 원장님이 궁금하지 않았을 거예요. 그런데 원장님 매장이 집과 가까운 곳이라니 언제 시간 되면 가봐야겠다는 생각이 들었죠. 그리고 약속 없이 방문했는데 직원분들부터 원장님까지 그야말로 '환대'해주셔서 제 마음은 계속 거기에 머무르더라고요.

마이준_ 저는 강사님의 책 내용이 다 와닿고, 태도라는 게 너무 중요하다는 걸 알고 있어요. 어떤 사람들은 태도 그런 거 필요 없고 그냥 돈 버는 게 중요해! 라는 사람들이 있을 거예요. 저는 태도가 중요하다는 사람들이 더 잘되는 결과를 보여주고 싶어요. 저랑 결이 맞는 사람들이 더 잘됐으면 좋겠고 이게 정말 맞다는 걸 증명하고 싶어요.

희선_ 꼭 성공해서 구체적인 증거를 보여주세요. 그걸 기다리는 분들이 많을 거라고 생각해요. 이건 좀 다른 이야기인데, 마이준 원장님은 학교 복학하지 않고 미용 일을 지금까지 아주 멋지게 하고 계시는데, 처음에 부모님 반대는 없으셨어요?

마이준_ 디자이너 되고도 100만 원 받는데, 맘에 드셨겠어요? 공무원 시험을 보라고 하시면서 저를 말렸죠. 하지만 지금은 너무 좋아하세요. 그리고 이제는 제가 하는 일에서 얼마를 버는지가 아니라 일이 재밌는지를 물어봐 주세요. 저는 너무 행복하다고 하고 그러면 됐다고 하세요. 지금 잘되고 있어서가 아니라 항상 우리 직원들한테 하는 말이 있는데, 내가 지금 원장이라서가 아니라 나의 가치관은 처음부터 한결같았다고 말해요. 말하기 쑥스럽긴 하지만 나 같은 사람이 잘되어야 한다고요. 그러니까 여러분들이 잘되어야 한다고 말하죠. 정말 너무 부끄럽긴 하지만, 저는 저 같은 사람이 잘되어야 한다고 생각해요. 저는 진심으로 헤어디자이너라는 직업의 가치를 올려주고 싶어요.

희선_ 백 퍼센트 공감하고 저도 힘을 보태겠습니다.

마이준_ 오버하고 나대는 게 아니라요, 제가 할 수 있는 것은 그 위치에서 최선을 다해서 올바르게 떳떳하게 당당하게 멋있게 제 일 속에서 살아가면 된다고 생각해요. 저는 제가 하는 일, 직업에 아주 뿌듯해 하는데, 제 의사 친구들이 말하길 주변에 직업 만족도가 이렇게 좋은 사람은 저밖에 없대요. 그 친구들은 분명 사회적 지위는 높을지 몰라도 저를 많이 부러워해요. 원장이 되기 전부터요. 늘 저는 '나는 너무 행복해'를 입에 달고 살았거든요. 저는 제 위치에서 헤어디자이너라는 직업에 대한 가치를 올리고 있다는 자부심을 가지고 있어요. 헤어디자이너에 대한 직업적 이해도가 낮아서 인식이 저평가되는 것은 사회적인 문제가 아니라 우리들의 문제라고 생각해요. 그래서 직원들에게 "우리가 사회적인 위치를 올리고 가치를 높이려면 우리 스스로 올바르게 살고 더 멋있게 최선을 다해서 열정적으로 살면 돼. 어려운 거 없어. 나도 이 위치에서 최선을 다할 거고, 여러분들도 각자의 위치에서 최선을 다하면 되는 거야"라고 해요.

희선 너무 멋진 말씀이세요. 제가 책《고객은 스펙보다 태도에 끌린다》를 냈을 때 들은 말 중에 가장 충격적인 이야기가 미용하는 사람들도 서비스 교육을 받는구나였어요. 그 말을 듣는데 여러 감정이 섞였어요. 어떤 뜻으로 저런 말을 할까, 혼자 생각도 많아졌고요. 회사에 입사하면 정기적으로 다양한 교육을 받아요. 업무 관련된 교육은 물론 외부 강의도 듣고요. 그런데 일반인들이 생각하기에 미용인들은 기술 교육만 받는다고 생각하는 거예요. 그래서 제가 그랬죠. 미용인들이 얼마나 공부를 많이 하는 줄 아냐고요. 새벽에 나와 개인 연습도 엄청나게 하고 필요한 교육들도 열심히 듣는다고 말해줬어요. 마이준 원장님같이 미용의 가치와 격을 높이기 위해 이런 마음을 가진 분들도 있다는 걸 안다면 미용인들 뿐 아니라 원장님의 고객들 자부심도 엄청나게 올라갈 거 같아요.

마이준_ 더 많이 노력해야죠. 저는 직원들에게 우리가 하는 일 자체보다 일의 의미, 가치를 더 알려주려고 해요. 한 가지 예를 들면, 보통 11월에 수험생 이벤트를 해요. 왕십리역점의 경우는 이미 고객도 많은데 수험생 50% 할인 행사하면 더 고객이 많아지죠. 디자이너들은 고객이 이미 너무 많고 수험생은 AS가 많다는 이유로 좋아하지 않는데, 꼭 해야 하냐고 묻길래 결론은 무조건 해야 한다고 했어요. 사실 수험생들은 시술에 대한 경험이 많지 않으니 컴플레인도 많고 환불도 많아요. 게다가 미성년자들이라 금액 부분에서 부모님과 상의 되지 않은 경우엔 부모님의 불만도 생기니 디자이너 입장에서는 신경 쓰이는 게 많아지게 마련이에요. 그래서 '왜' 해야 하는지 설명을 해줘요. "우리가 10대에서 20대가 되면서 꾸미는 것에 관해 관심이 더 많이 생기고 자유도 생겨. 처음 큰돈을 쓸 때가 딱 이때인데 그들이 어느 숍에서 머리를 하느냐에 따라서 앞으로 우리 매장으로 정착할 수 있도록 우리 살롱을 알리는 기회이기도 해. 하지만 그것보다 우리의 멋짐을 보여주는 아주 좋은 기회야. 우리는 좋은 서비스로 다른 곳과는 차별되는 분위기를 만들어 주는 곳이고 헤어디자이너라는 직업이 이렇게 멋진 것이라는 것도 알려줄 수 있어"라고요.

저는 우리 직업에 대한 가치를 미래의 고객이 될 수험생들에게 알릴 수 있는 기회라고 얘기를 해주는 거예요. 단순히 매출로 접근하는 게 아니에요. 실제로 제 고객 중 한 명이 지금 디자이너로 일하고 있어요.

희선_ 네? 이건 생각지도 못한 반전인데요?

마이준_ 열아홉 살 때부터 고객으로 왔는데 쭉 지켜보니 스물다섯 살 때까지 알바하면서 미래를 정하지 못하고 있더라고요. 안타까운 생각에 이런저런 이야기를 하다가 제가 권해서 미용을 시작했어요. 이 친구가 경제적으로 아주 어려웠어요. 인턴 생활을 3년 하고 디자이너가 되어야 하는데 커트 교육받을 돈은 커녕 생활비도 없는 거예요. 그때 그 친구에게 "난 네가 진짜 멋있는 디자이너가 될 걸 확신해"라고 하면서 배우고 준비하는데 500만 원 정도만 있으면 되냐고 슬쩍 물어봤죠. 그렇다고 하길래 500만 원 보내줬어요. 처음엔 안 받길래 이걸로 너의 인생이 바뀔 거라고 생각한다고 하면서 줬어요. 지금 서른 살인데 일하는 곳에서 아주 잘하고 있어요. 이럴 때 너무 뿌듯해요.

희선_ 저는 마이준 원장님이 더 멋진데요. '미용인의 가치를 높인다.'고 말은 할 수 있지만, 실제 행동으로 보여주는 게 쉬운 일은 아니잖아요. 한 분을 살리셨네요. 지금 디자이너 그분도 나중에 후배에게 내리사랑을 보여줄 거예요. 원장님은 누군가에게 도움이 되어주고 힘이 되어줄 때 더 큰 만족감과 행복함을 느낀다고 하니 남들이 보면 희생의 아이콘 같지만, 사실 내가 행복해지려고 도와주는 것은 아닐까요? 인간은 아주 이기적이랍니다. 예전에 누가 그랬어요. 마더 테레사도 자기의 돌봄이나 희생으로 자기 만족감을 느끼는 거라고요.
마이준_ 맞아요. 내 행복을 위해서 내가 하는 거 당연하죠.

희선_ 겸손까지 하시네요. 마이준 원장님의 미용에 대한 생각, 운영 방법에 대해 많은 걸 듣고 배우는 시간이었습니다. 제가 미처 생각하지 못했던 걸 알게 해주셨고요. 인터뷰하면서 마이준 원장님은 어떠셨어요?
마이준_ 여러 가지 이야기를 나누면서 든 생각은 '반성'이에요. (이미 넘치게 충분히 잘하는 분들의 공통점이다) 지금 과연 나는 지속해서 잘하고 있나 옛날에 머물러 있지 않나 스스로를 체크하는 시간이 되었어요. 인터뷰하길 잘했네요.

인터뷰를 마치면서 마이준 원장은 '반성'이라는 단어를 꺼냈지만

정작 마이준 원장을 설명하는 한 단어는 '성실함' 같았다. 직업의식에 대한 자부심은 말할 것도 없고 미용의 가치를 높이기 위해 솔선수범하는 꾸준함은 성실성이 뒷받침되지 않으면 결코 할 수 없는 일이니 말이다. '좋은 매니저가 되기 위해 원장을 한다'는 말은 인터뷰 내내 마이준 원장의 모든 말 한 마디 한 마디에 깊게 투영되어 있었다. 원장이라는 우월감이나 리더십보다 몸을 숙여 아래를 내려다보면서 직원들에게 뭐가 필요한지, 무엇을 더 해줘야 하는지 고민하는 모습도 즐거워 보였다.

이제 마이준 원장을 생각하면 매니저, 매뉴얼, 롤플레잉, 무조건 한다, 재미가 자동으로 떠오른다. 그에게는 양보가 없다. 하지만 강함도 없다. 웃으면서 왜 해야 하는지를 설명하니까 따라 하지 않을 이유가 없어진다. 직원들도 처음부터 다 알고, 다 하기로 하고 들어왔으니까 또 해야만 한다. 그런데 마이준 원장이 그랬듯 이곳에선 따라만 하면 어느새 성장해 있는 자신을 발견할 수 있다.

※ 에필로그

리더들의 진짜 이야기를 쓰고 싶었다. 책에서 보여지는 이론 말고, SNS상에서 보여지는 반짝임 말고, 현장에서 성과를 만들어내는 원장님들의 '날 것' 그대로를 전하고 싶었다. 원장님들과 이야기를 나누다 보니 대부분의 리더들이 궁금해하는 부분들을 내가 더 공부하는 시간이 되었다. 질문을 준비해 간 인터뷰였지만 긴 시간 인터뷰를 마치고 나서 내가 들은 것은 의도하지 않은 보석같은 내용이었다.

원장님들은 전문적으로 경영을 배운 사람들이 아니다. 아무리 준비해도 부족하고 현실은 늘 고단하지만 그래서 더 생동감이 느껴지는 게 아닐까? 몸소 경험한 것들을 남김없이 나눠준 원장님들께 무한 감사를 드린다.

독자들에게 들려주고 싶은 이야기가 너무 많아 이것저것 담다 보니 욕심이 앞섰다. 하나도 놓치고 싶지 않았다. 심지어 인터뷰날의 벅찼던 내 기분까지 오롯이 전달하고 싶었다. 행여나 원장님들의 진한 마음을 다 전달하지 못했을까 염려스러울 뿐이다. 여러분이 할 일은 하나하나 꼭꼭 씹고 충분히 소화시켜서 '내것'으로 만드는 일이다.

다들 너무 열심히 산다. 나만 힘든 것 같단 생각도 든다. 따라 할 엄두는 안 난다. 엄두를 내지 못하는 데는 여러 이유가 있지만, 방법을 몰라서일 때도 있다. 내가 일찌감치 수포자가 된 이유도 그거였다. 수학 선생님에게 내가 이해를 했는지 안했는지는 중요하지 않았다. 진도는 언제나 공부 잘하는 친구에게 맞춰져 나갔고 나는 감히 따라갈 수가 없었다.
처음부터 내가 이해할 수 있을 만큼 천천히 여러 번 설명해달라고 하고 싶었다. 나는 알게 되는 데까지는 시간이 좀 걸리는 사람이다. 알고 나면 달릴 수 있는 사람이다. 그런데 내가 지금 못 따라가고 있으니 기다려달라고 말할 용기가 없었다. 겨우 물어봤는데 이것도 몰라? 무시당할까 봐 두려웠다. 도와달라는 말이 세상에서 가장 용기 있는 말이라는 건, 얼마 전 동화책을 보면서 다시 깨달았다.
원장이 된 지 이미 몇 해가 흘렀는데 이제 와서 누군가에게 모르는 걸 묻는 게 쉽지 않았을 테다. 그것도 모르면서 지금껏 어떻게 운영을 했냐는 말을 들을까 봐. 게다가 뭘 물어야 할지 감도 오지 않을 수 있다. 교육이 끝나고 질문을 하라고 하면 강제

침묵이 시작된다. 아는 게 많으면 질문이 생기지만 모르면 질문도 할 수 없다. 사실 인터뷰 준비를 할 때 내가 딱 이랬다. 나 같은 모두에게 도움이 되었으면 하는 마음으로 천천히 여러 번 설명해주는 책을 쓰고 싶었다.

글을 쓰는 와중에 특강 의뢰가 들어왔는데 내용은 다음과 같았다. '직원들이 몰리는 미용실 사례를 통한 우리 매장 시스템 만들기', '한 번 들어온 직원이 나가지 않는 미용실 만들기', '미용실을 전쟁터가 아닌 행복한 놀이터로 만들기'. 특강 주제를 읽다가 이걸 알면 내가 헤어살롱을 하겠다! 싶었다. 너무 이상적이라고 단정지었다. 하지만 놀랍게도 인터뷰하며 만난 원장님들은 위의 세 가지를 가장 기본적으로 실천하고 있었다.

금보다 귀한 시간을 선뜻 내주고, 영업비밀을 누설해준 여섯 명의 원장님들께 어떤 말로 감사를 드려야 할지 살면서 생각날 때마다 전하려 한다. 이 책을 읽다가 번뜩 다가온 인사이트로 여러분의 살롱이 변했다는 이야기를 들을 수 있으면 좋겠다.

두 번째 책에 대한 부담감이 너무 컸는데 첫 번째 코칭 시간에 내용이 너무 좋다며 온마음으로 응원해주신 것도 모자라 직접 출간을 하고 싶다고 말씀해 주신 〈책과강연〉 이정훈 대표님께 깊은 감사의 마음을 전한다. 나보다 더 나의 글을 잘 알고 있기에 얼마나 멋진 책이 나올까 기대하면서 작가의 행복을 누렸다.

첫 번째 책에 엄마에 대한 큰 응원의 추천사를 써준 너무 사랑하는 딸 소정이에게 우주 만큼의 사랑을 전한다. 살아계셨으면 딸의 두 번째 책 출간을 누구보다 자랑스럽게 생각했을 부모님, 늘 누나를 도와주는 남동생과 가족들에게 감사한다.

어려운 인터뷰 글을 잘 썼다며 칭찬해주고 멋진 구슬을 꿰어 보배로 만들어준 신선숙 편집장님께 감사를 전한다. 글을 쓰는 데 더 집중할 수 있도록 눈에 보이지 않게 귀한 마음을 더해준 〈라이브 엑스〉 송정웅 대표님께 존경과 감사를 드리고 싶다. 마지막으로 귀한 사명감을 부어주어서 이 모든 것을 해낼 수 있게 해주신 하나님께 큰 영광을 돌리며 독자가 되어 주시는 모든 분이 더 행복하길 바란다.

함께 호흡해 주셔서 감사합니다.

We Win 위윈

초판 1쇄 발행일 | 2024년 4월 15일

지은이	하희선
발행인	김태한 외 1명
펴낸이	책과강연
총괄기획	이정훈
도서제작기획	김태한
책임편집	인생첫책
디자인	해피트리

주소	서울시 퇴계로26길 15 남학빌딩 B1
전화	02-6243-7000
블로그	blog.naver.com/writingin180days
홈페이지	mybrandingstory.com
인스타그램	@writing_in_180_days
유튜브	책과강연
카카오톡	writing180
출판등록	2017년 7월 2일 제2017-000211호

ISBN	979-11-972027-8-0 03190

* 책 가격은 뒤표지에 있습니다.
* 파본은 구입하신 서점에서 교환해 드립니다.
* 저자와 협의 하에 인지를 생략합니다.

실행하는 지금이 실현하는 순간입니다.
[책과강연]에서는 여러분들의 원고를 기다리고 있습니다.
원고 투고 및 의견은 writingin180days@naver.com으로 보내주세요.
함께 만들어 갑니다.

'내 책을 서점에서 만나는 기적'